AGING WELL IN CHRIST

에이징 웰
주 안에서 나이 들기

| 길경란 지음 |

쿰란출판사

하나님의 사람 모세가 드린 기도

(시편 90편, 새 번역)

주님은 대대로 우리의 거처이셨습니다.
산들이 생기기 전에,
땅과 세계가 생기기 전에,
영원부터 영원까지,
주님은 하나님이십니다.

주님께서는 사람을 티끌로 돌아가게 하시고
"죽을 인생들아, 돌아가거라" 하고 말씀하십니다.
주님 앞에서는
천 년도 지나간 어제와 같고
밤의 한순간과도 같습니다.
주님께서 생명을 거두어 가시면
인생은 한순간의 꿈일 뿐
아침에 돋아난 한 포기 풀과 같이 사라져 갑니다.
풀은 아침에는 돋아나서 꽃을 피우다가도
저녁에는 시들어서 말라 버립니다.
주님께서 노하시면 우리는 사라지고
주님께서 노하시면 우리는 소스라치게 놀랍니다.
주님께서 우리 죄를 주님 앞에 들추어 내놓으시니
우리의 숨은 죄가 주님 앞에 환히 드러납니다.
주님께서 노하시면 우리의 일생은 사그라지고
우리의 한평생은 한숨처럼 스러지고 맙니다.

우리의 연수가 칠십이요 강건하면 팔십이라도
그 연수의 자랑은 수고와 슬픔뿐이요,
빠르게 지나가니, 마치 날아가는 것 같습니다.
주님의 분노의 위력을 누가 알 수 있겠으며
주님의 진노의 위세를 누가 알 수 있겠습니까?
우리에게 우리의 날을 세는 법을 가르쳐 주셔서
지혜의 마음을 얻게 해주십시오.

주님, 돌아와 주십시오.
언제까지입니까?
주님의 종들을 불쌍히 여겨 주십시오.
아침에는 주님의 사랑으로 우리를 채워 주시고
평생토록 우리가 기뻐하고 즐거워하게 해주십시오.
우리를 괴롭게 하신 날 수만큼, 우리가 재난을 당한 햇수만큼
우리에게 즐거움을 주십시오.
주님의 종들에게 주님께서 하신 일을 드러내 주시고
그 자손에게는 주님의 영광을 나타내 주십시오.

주 우리 하나님,
우리에게 은총을 베푸셔서
우리의 손으로 하는 일이 견실하게 하여 주십시오.
우리의 손으로 하는 일이 견실하게 하여 주십시오.

내가 드리는 기도문

● 시편 90편 성경 쓰기

✎ 주님은 대대로 (OOO)의 거처가 되셨습니다.

Aging 나이가 들어간다는 것

갓 태어난 아기의 생명은 지켜보면 볼수록 신비롭고 아름답습니다. 무엇이든 가능하고 깨끗한 그 아기들의 심령 안에 하나님을 경외하는 신앙이 먼저 자리잡게 해야 한다는 사명감을 가지고 오랜 시간 영·유아기 교육에 힘써 오다가 결혼을 하여 내 아이들을 낳아 길러 보았습니다. 한 생명이 자라며 변화되어 가는 것을 지켜보는 일은 하나님의 은혜요 축복이라 여겨졌습니다. 세월은 가고 이제 그 아이들은 성인으로 자라서 결혼할 나이가 되었습니다.

목회자의 아내로서 거듭난 성도들의 신앙 성장과 양육에 힘쓰다 보니 어느덧 나 자신도 머리가 희끗한 50대 후반이 되었습니다. 아기를 낳아 어른으로 키우는 일처럼 영적인 생명을 다루는 일은 세상의 어떤 일보다 어렵지만 귀한 일입니다. 점차 나이가 들어가며 생명의 소중함을 깨닫다 보니 이제서야 홀로 되고 외로운 노인들이 보이기 시작했습니다. 또, 빠르게 지나가는 우리 인생의 날과 영생을 깊이 묵상하게 되었습니다.

만약 주위를 돌아보아 멋진 노년의 모델을 찾기 쉬웠다면 나의 노년의 두려움은 덜했을 것입니다. 오랜 시간 말씀과 기도로 훈련된 성도들 가운데는 성숙한 신앙인으로서 모범이 되는 어른이 많아야 할 것 같은데 현실은 그렇지 못했습니다. 실망스럽게도 기대한 성숙함보다는 오히려 어린아이 같은 연약함 투성이었습니다.

그렇다면 인생이 늙고 나이가 들어가는 일은 그냥 받아들여야 할 자연 현상인가? 아니면 미리 준비하고 배워야 하는 교육의 문제인가를 질문하게 되었습니다.

과거에는 영·유아기 아이들을 사랑하고 그들에게 더 많은 관심을 쏟았습니다. 하지만 이제는 노인을 사랑하는 방법을 배워야 했습니다. 목회 현장에서 그들의 마음을 읽고 삶을 나누다 보니 애정이 생겼고 나의 노년도 생각하게 되었기 때문입니다.

주위의 많은 노인들이 사랑받지 못하고 또 이해받지 못하고 있는 것 같았습니다. 그들에게 먼저 나이 든다는 것에 대한 지식이 필요해 보였고, 잘 늙는 것도 배우고 연습해야 하는 일로 여겨졌습니다. 나이가 들고 변해가는 노년기를 이해하게 될 때 노년기의 삶을 자신의 것으로 받아들이기가 쉬울 것입니다.

　교회에서도 노년층을 교육하는 부서가 단순히 노인을 위로하고 달래주는 프로그램이나 취미 활동으로 시간을 보내는 것이 너무도 아쉬웠습니다. 영아부 신앙교육을 시작으로 목회지에서 다양한 사람들과 신앙을 나누고 성경공부를 해오면서 깨닫는 것은, 어린아이의 일을 버려야 장성한 사람이 되듯 인생도 신앙 훈련처럼 끊임없이 배우고 훈련해야 한다는 사실입니다.

　모든 세대에게 주어진 시간이 아름답고 귀중합니다. 그래서 인생이 늙는다는 것도 아름다운 가치로 발견되어야 합니다. 이 가치를 배울 때 자신의 노년이나 다른 사람들의 노년의 어려움을 이해할 수 있습니다. 그러나 이러한 가치를 이해하지 못하면 나이가 들었다거나 늙었다는 것을 인정하지 못하고 이 땅에서 영원히 살 것 같은 유혹을 받을 수 있습니다.

　그러므로 우리가 퇴직하고 노년기를 맞기 전에 어떻게 잘 늙을 것인가를 깊이 생각하고 준비해야 합니다. 지나가는 시간을 쳐다보며 아쉬워할 것이 아니라 관점을 바꿔 다가올 시간을 소망으로 바라보며 현재를 살 수 있도록 노인의 정체성을 찾아 주고 싶었습니다.

인생의 끝자락에서 위태로운 노인들을 보면서 믿음으로 노년을 맞기 위한 방법을 시도해 보았습니다. 생명을 시작하는 어린아이처럼 생명을 마쳐가는 노인들은 영원한 생명을 다시 시작해야 하는 영적 어린아이라고 생각했습니다.

그러한 관점을 가지고 노년이 되기 전에 인생을 시작하는 영아들부터 인생을 마치는 노년까지를 통합된 신앙의 눈으로 바라보았습니다. 그런 후 다시 이어질 영생의 삶으로 재해석하여 인생의 날들을 정리했습니다.

주님이 주신 생명의 시작과 마지막을 전체로 보면서 그 생명의 귀중함을 깨닫고 나니 이제서야 실제적인 하나님 나라와 영생을 바라볼 수 있었습니다. '그 영원한 시간 속에서 제한된 인생의 날은 얼마이며, 우리의 남은 날을 잘 살기 위한 지혜는 무엇인가?' 그리고 '노년기의 남은 시간들은 언제부터 어떻게 준비하고 계획해야 하는가?'를 질문하고 그 답을 말씀 속에서 찾아 보았습니다.

목차

시편 90편 기도문·**2**
내가 드리는 기도문·**4**
Aging 나이가 들어간다는 것·**6**

하나.

0380

1. 시작과 마침·**14**
2. 낀 세대·**22**
3. ILC(Intergenerational Learning Center)·**30**
4. 100세 시대·**34**
5. 천 년과 하루(1,000 & 1)·**38**

둘.

인생 연수와 7

1. 인생 지도(map)·**42**
2. 낀 50시기·**56**
3. 결정적 03시기·**64**
4. 황금 21시기·**68**
5. 인생 제3시기·**70**
6. 덤1 덤2 인생 시기·**73**
7. 인생 100세 시기·**80**

셋. 안식과 인생 지혜

1. 인생과 안식일·86
2. 인생과 안식년·99
   1) 땅의 휴식·99
   2) 면제년·103
3. 인생과 희년·105

넷. 성도의 노년 인생

1. 성경 속의 노년들·117
2. 교회 속의 노년·122

다섯. 마치는 글

글쓴이 후기·130

하나.

0380

1. 시작과 마침
2. 낀 세대
3. ILC(Intergenerational Learning Center)
4. 100세 시대
5. 천 년과 하루(1,000 & 1)

1. 시작과 마침

0380

0380! '세 살 버릇이 여든까지 간다'는 말은 세 살짜리 어린 이가 배워서 습관이 된 것들이 인생 끝까지 계속 이어져 결국 은 세 살 버릇이 삶 전체에 영향을 끼친다는 말이다.

신앙의 여정도 역시 그렇다! 영아기부터 영원이라는 것에 관심의 문이 열리고, 이때의 경험이 신앙과 인격 형성에 영향 을 주어서 나중에 믿음생활을 하기가 쉽든지 아니면 믿음생 활을 하기가 어렵든지 둘 중의 하나가 된다. 그래서 잠언 22장 6절에서는 "마땅히 걸어야 할 그 길을 아이에게 가르쳐라. 그 러면 늙어서도 그 길을 떠나지 않는다"고 말한다. 인생 기초만 잘 준비된다면 나머지 인생 전체를 순조롭게 살아갈 수 있다는 것이다. 갓 태어난 아이는 넘치는 기대와 호기심으로 무엇이든지 배우려 하고 열심히 먹고 자란다. 앞으로 살아갈 인생의 날에 적응하기 위해 준비하는 것이다.

아기가 태어나서 세 살이 될 때까지가 이 땅의 삶의 기초 준비가 이루어지는 시기라면, 삶을 마치기 전 노인의 몇 년도 다시 영생의 삶을 준비하는 영적 시기라고 말할 수 있겠다. 여기서 어린이와 노인, 세 살의 시작과 80세의 마지막 관계를 교육이라는 측면에서 생각해 보았다.

이 땅에서 잘 살기를 기대하여 세 살짜리에게 조기 교육을 시킨다면 영생을 살아갈 80세 노인도 곧 영생을 살 사람으로 준비교육이 필요하다고 본다. 그러므로 생명을 다해가는 노인이라도 배우고 가르쳐야 할 교육 대상이 된다. 만일 어린이부터 노인까지를 통합하여 연결하는 참 교육이 이루어진다면 어린이와 노인, 두 세대뿐만 아니라 공동체 전체가 유익을 얻을 수 있게 된다.

우리의 신앙이 평생을 두고 성장해야 하는 것으로 이해할 때, 잘 시작하는 어린이로부터 잘 마치는 노인까지 그 사이에 걸쳐진 모든 세대가 평안할 수 있는 것이다.

이렇듯 아이의 생명은 노인의 삶으로 연결된다. 그리고 노년의 마지막 몇 년은 아이의 생명처럼 넘치는 기대와 호기심으로 또 다른 생명을 꿈꾸며 영생을 준비하는 시기라고 볼 수 있다. 그래서 삶의 방향을 이곳에서 저곳으로 전환하고 남아 있는 삶을 새 하늘과 새 땅이라는 영원한 하나님의 시간 속에서 재해석하는 것이다. 이제 곧 새로운 영생의 시간으로 들어서야 할 것이기 때문이다.

따라서 아이의 인생 초기 몇 년이 중요한 시기라고 한다면, 노인 인생의 마지막 몇 년은 영원한 삶을 살기 위한 준비로서 더 중요한 시기가 되는 것이다. 왜냐하면 이 세상은 잠깐이지만 죽음 후의 세상은 영원하기 때문이다.

이 땅에서 시작이 있고 끝이 있는 우리의 생명은 막 태어난 아기의 생명이나 삶을 마쳐가는 노인의 생명의 가치가 동일하다. 병들고 죽음을 앞둔 생명일지라도 남겨진 성도의 시간은 거룩하고 복된 것이다. 생명은 하나님께 속해 있으며, 창조주 하나님은 그의 만드신 생명을 결코 팽개쳐 놓지 않으신다. 시작부터 끝까지 어제나 오늘이나 영원토록 변함없는 성품으로 일하고 계신다. 그래서 하나님은 알파와 오메가요 처음과 나중이며 시작과 끝이 되시는 것이다(계 22:13).

이사야에서도 이렇게 확신시켜 주신다.

"너희가 태어날 때부터 내가 너희를 안고 다녔고, 너희가 모태에서 나올 때부터 내가 너희를 품고 다녔다. 너희가 늙을 때까지 내가 너희를 안고 다니고, 너희가 백발이 될 때까지 내가 너희를 품고 다니겠다. 내가 너희를 지었으니 내가 너희를 품고 다니겠고 안고 다니겠고 또 구원하여 주겠다"(사 46:3-5).

하나님은 우리의 노년까지를 보장하신 것이다!

또한 예수님의 약속은 우리가 갈 곳이 있음을 분명히 말씀하신다. 요한복음 14장 2절에서 예수님이 사랑하는 제자들을 떠나야만 했을 때 "나는 너희가 있을 곳을 마련하러 간다. 내가 가서 너희가 있을 곳을 마련하면, 다시 와서 너희를 나에게로 데려다가, 내가 있는 곳에 너희도 함께 있게 하겠다. ……내가 너희를 고아처럼 버려 두지 않고 너희에게 다시 오겠다"고 말씀하셨다.

예수님께서 아버지의 집에는 거할 곳이 많으므로 우리가 있을 곳을 마련하러 가셨으며, 거처를 마련하신 후에는 약속하신 대로 다시 오셔서 우리를 데려가실 것이 분명하다.

아침 안개와 같이 잠깐 왔다 가는 인생일지라도 성도의 삶은 주님의 말씀과 그 언약 아래 보호 받고 있다. 그래서 언약 백성은 이 땅에 있을 때나 또 이곳을 떠날 때나 성도가 지나간 자리는 항상 아름다워야 한다. 영생으로 살아 있을 존재들이기 때문이다.

우리는 사람이 떠난 자리를 보면 그 사람의 인격을 알게 된다. 예수님은 부활하신 후 무덤을 떠나실 때 머리를 쌌던 수건과 세마포를 딴 곳에 가지런히 개켜 놓으셨다(요 20:7). 그분의 삶의 흔적은 언제나 아름답게 정리되어 있었다. 우리는 지금도 그분의 삶의 발자취를 따라 걷고 있다. 그래서 이 땅에서 잘 살기 위해 노력해야 할 뿐 아니라 이곳을 잘 떠나기 위한 노력도 중요한 것이다. 노년은 인생의 끝이 아니라 영생으로의 새로운 시작이기에 생명의 탄생만큼 생명의 마침도 소중하다.

0380! 세 살에서 여든 살까지를 통합하는 눈으로 인생을 관망하며 영원한 하나님 나라의 실제를 깨닫는 일은 우리 모두에게 필요하다.

우리가 얼마나 오랫동안 이 세상에 남아 있을지 그리고 나이가 들면서 무슨 일을 겪을지는 아무도 모른다. 그러나 죽으면 끝이 아니라 새로운 시작이고 돌아갈 영원한 세계가 있음을 기억하고 소망할 때 우리가 직면하는 '죽음 후에 어떻게 될까?' 하는 영적인 두려움(fear), 퇴직 후 경제적 문제와 노후대책과 같은 현실적인 어려움(struggle), 그리고 각종 질병이나 외로움으로 신체적으로나 사회적으로 제약받는 일(limitation) 등을 극복하면서 믿음으로 내면을 강화시킬 수 있다.

처음과 나중을 비교하며 생각하기

(창세기 1장부터 3장까지와 요한계시록 21장부터 마지막 22장까지를 비교하여 읽고, 달라진 부분을 찾아 기록해 본다.)

> 예) 태초에는 "빛이 생겨라"(창 1:3)
> "하늘 창공에 빛나는 것들이 생겨서" (창 1:14, 15)
> "빛과 어두움을 가르게 하셨다"(창 1:18)
> 마지막에는 "해나 달이 빛을 비출 필요가 없습니다" (계 21:23)
> "등불이나 햇빛이 필요없습니다" (계 22:5)
>
> → 비교할 주요 단어들: 하늘과 땅, 뱀, 해, 달, 밤, 생명나무, 사망, 저주, 하나님의 음성과 얼굴, 보석, 에덴과 예루살렘 성……

- 태초에 처음 하늘과 처음 땅에서 있었던 일들(창 1-3장)

_____

_____

_____

_____

_____

📖 에이징 웰

- 종말에 새 하늘과 새 땅에서 이루어질 일들(계 20-22장)

　

- 창세기와 계시록에 나타난 하나님은 누구신가? (계 22:13)

　　(　　　　)와 (　　　　　)

　　(　　　　)과 (　　　　　)

　　(　　　　)과 (　　　　　)

2. 낀 세대

ⓞ38ⓠ

낀 세대라 함은 03과 80 사이에서 위로는 연로한 부모를 모시고 아래로는 장성한 자녀를 두어 3대에 걸친 세대를 말하고, 자녀들이 출가했다면 손자, 손녀까지 있어 4대에 걸쳐 있는 사람들의 세대를 말한다.

그들은 가정에서 연로한 부모를 모시는 책임을 갖고 직장이나 결혼이 늦어진 자녀를 뒷바라지하거나 또는 손자와 손녀를 돌봐주는 일을 하기도 한다.

사회적으로는 직장 일에 책임을 갖고 열심히 일하는 사람들이고, 점차 퇴직을 앞두고 있거나 이미 퇴직한 경우도 있다.

55년생인 한 가정주부는 27세에 공무원이었던 남편과 결혼하여 30년 넘게 남편을 내조하다가 2년 전 퇴직한 남편과 함께 줄곧 집에서 지낸다.

　　슬하에 두 자녀를 두었는데 첫째가 결혼하여 근처에 살고 있다. 할머니로서 여섯 살 손자와 두 살 손녀를 돌봐주고 있는데 곧 셋째가 태어날 예정이다.

　　아직 미혼으로 30대 중반이 된 둘째는 부모와 함께 살고 있다. 거기에다가 90이 넘은 어머니를 집에 모시고 산다.

　　퇴직한 남편은 아내와 함께 자유로운 여행을 꿈꾸며 일하는 동안 누리지 못했던 여가를 보내고 싶어하지만 막상 물질과 건강이 따라주지 않으며 일상에서 마음의 여유가 없다. 어쩔 수 없는 퇴직의 현실을 인정하지만 우울한 마음으로 자주 식구들과 갈등이 일어난다.

　　결혼한 자녀를 가까이 두고 수시로 손녀, 손자를 돌보는 일과 사소한 가정 일을 도와주다 보니 아직 미혼인 둘째 자녀의 일상까지 챙겨주며 어쩔 수 없이 자식에 매여 살고 있다.

　　90세가 넘은 어머니는 어린아기처럼 항상 신경을 쓰고 돌봐줘야 한다. 근래에 노치원을 보내고 나서야 그 시간만큼 자유로워졌다.

이 주부는 부모를 모시는 일과 자녀를 돌보는 일에 매여 퇴직한 남편과 자신의 노후를 계획대로 살지 못하고 있다.

대기업에 다니는 64년생 직장인은 앞으로 3년 후 퇴직을 앞두고 있다. 대학 졸업 후 학자금 융자를 안고 부모의 도움 없이 결혼생활을 시작해서 25년 동안 직장을 다녔다. 본가에 생활비 보조와 처가의 부모님 용돈을 10년 전부터 시작해서 지금까지 주고 있는데, 퇴직 후에도 책임을 져야 하는 상황이다.

아직도 대학생인 자녀를 두고 있어 부모에 대한 부양 책임뿐 아니라 자녀의 교육비로부터 자유롭지 못하다. 부모의 수명은 길어지고 청년 실업이 최고치에 달한 요즈음 취직이 이루어질 때까지 자녀에 대한 부담감도 클 수밖에 없다. 퇴직이 가까이 올수록 자신의 노년에 대한 고민이 깊어진다.

위의 두 이야기는 평범한 가정의 일로 퇴직 이후 두 세대 사이에 끼어 자신들의 노년을 준비하지 못하고 있는 '낀 세대'의 예가 된다. 부모로서 그리고 자녀로서 책임감과 의무감을 가진 낀 세대들은 일상에 매이지 않은 자유로움 속에서 자신들만의 노년을 준비하고 싶어한다. 그들은 가족들을 도우며 함께 사는 삶에서 얻는 기쁨이 있지만 퇴직과 함께 맞을 앞으로의 삶에 대한 부담감이 크다. 매일 무엇인가에 매여 있고 자신만을 위한 삶의 여유가 전혀 없다고 느낀다.

낀 세대가 짊어진 짐을 벗어나 자신의 삶을 살 수 있도록 한다면, 그들을 중심으로 자녀의 세대와 부모의 세대 모두가 안정될 수 있을 것이다. 각 세대가 스스로 책임을 지는 삶은 중간에 낀 세대가 퇴직하기 전에 이루어져야 할 일들이다. 그러나 우리의 현실은 그렇지 못하다. 이것은 지금 우리가 풀어가야 할 사회적 문제이기도 하다.

또한, 낀 세대들은 가정이나 사회에서 두 세대를 바르게 연결시켜야 하는 중요한 사명도 갖고 있다. 중간에 있는 그들은 아래로는 젊은이를 이해할 수 있고 위로는 노인을 수용할 수 있기 때문에 문화적이고 정신적인 측면에서 이미 얻은 경험으로 자녀를 돕고, 또 부모의 삶을 통해 다가올 노년을 준비할 수 있다.

신앙 문제에서도 조부모와 자녀 사이에서 다음 세대가 믿음을 이어갈 수 있도록 연결해 줄 수 있는데 이러한 신앙 연결의 예를 성경에서 찾을 수 있다.

사도 바울이 영적인 아들로 삼았던 디모데가 거짓 없는 믿음을 소유한 것은 그의 어머니 유니게가 어려서부터 말씀으로 교육했기에 가능했는데, 그 어머니의 교육은 외할머니인 로이스의 신앙교육과 훈련 속에서 나온 것이었다(딤후 1:5).

아들, 어머니, 그리고 할머니 3대에 걸친 신앙의 연결은 진리의 말씀을 기초로 이루어졌으며 그것이 복음에 헌신적이고 충성된 디모데를 만들어 낸 것이다. 낀 세대로서의 유니게는 이방 나라에서 이방인 남편과 결혼하여 사는 어려운 환경이었지만, 신앙의 순수함을 잃지 않도록 자신이 배운 것을 아들에게 전달함으로써 세대연결을 이루었다.

03세대인 디모데와 80세대인 로이스, 그리고 낀 세대인 유니게는 3대가 각기 다르지만 통합적으로 신앙을 연결하여 '세대연결' 교육을 이루어 낸 것이다.

이렇듯 한 가정이나 공동체 안에는 영아부터 노년까지 각기 다른 세대들이 함께 어우러져 살아가고 있다.

어린 시기, 청소년 시기, 청년 시기, 장년 시기, 그리고 노년 시기를 다 합쳐서 하나의 인생을 이루고 각 세대는 서로 유기적으로 연결되어 우리의 공동체가 된다. 교회의 신앙교육도 배우는 사람들의 연령과 수준을 고려하여 부서를 나누고, 영아부로부터 노년부까지 그들의 발달 단계에 따라 가르친다.

그 이유는 주님의 몸인 교회가 유기적으로 연결되듯 하나로 소통해야 하기 때문이다. 그러나 만일 교육이 일관성과 통일성을 갖지 못한다면, 각 부서가 서로 연결되지 못한 채 공동체가 분리되는 '따로 교육'이 될 것이다. 서로 다른 신앙과 가치관을 갖게 되는 것이다.

우리 사회의 세대간의 단절도 마찬가지다. 서로간에 차이와 갈등이 크면 클수록 공동체는 힘들어진다. 끊임없이 진화하고 발전해가는 세상에 적응하지 못하는 세대는 더욱 소외되고 외롭기 짝이 없다. 개인의 삶에서도 자신의 과거와 화합하지 못하면 앞으로 다가올 미래도 두려워지는 것이다.

가정이나 사회에서 서로가 보호받고 서로를 지켜주는 연대 없이 각자 자기만 따로 분리해서 '나 홀로 산다'의 풍조가 되면 모든 세대가 진리 안에서 자유하지 못한 삶을 살게 된다.

그러므로 각 세대는 서로의 도움이 필요하다. 아이들에게는 노인이 필요하고 노인에게는 아이들이 필요하다. 서로가 하나로 연결되고 통합되어야 한다. 비교가 아닌 협력과 조화의 관계로 받아들여야 한다. 우리는 가던 길을 멈추고 서서 각 세대가 짊어지고 있는 그 삶의 무게를 이해하며 세대간의 간격을 좁혀야 한다.

몸의 지체가 중요하듯 어린이든, 젊은이든, 노인이든 각 세대 모두가 하나님이 만드신 창조물로서 소중하다. 서로의 다른 가치를 인정하고 세대별로 다른 문화를 받아들일 수 있어야만 건강한 공동체가 형성되는 것이다.

우리는 이제 세대간의 격차를 줄이고 영생을 주제로 하는 진리교육을 재정비할 때가 되었다. 진리의 말씀으로 세대를 이어주는 교육적 회복이 필요하다. 이 회복은 우리의 세대를 바라보는 가치관부터 바꿔야 시작할 수 있다.

주위 환경이 힘들고 어려워 혼란스러울 때일수록 우리는 기본으로 돌아가 하나님의 말씀을 붙잡아야 한다.

로이스와 디모데를 연결한 유니게처럼 이 세대를 연결하는 일은 교회에서부터 시작해야 한다. 교회 교육 정비와 교회 노년부의 재능 활용이 이루어지면 교회 내의 로이스와 같은 노년 세대가 어린 세대인 디모데를 돌봐주며 낀 세대를 도울 수 있다. 이것은 가정과 사회도 함께 노력해야 하는 일로, 어린이와 노인을 연결시켜 시도한 사회 교육프로그램 하나를 소개해 본다.

3. ILC(Intergenerational Learning Center)

ஐ38ஓ

미국 워싱턴 주 시애틀에 위치한 Province Mount St. Vincent는 가톨릭 재단에서 운영하는 비영리 단체로 노인들을 위한 시설이다. 이곳에는 24시간 도움이 필요한 사람들을 위한 양로원과 부분적인 도움만 받고 생활하는 노인 아파트, 정기적인 건강검진을 할 수 있는 클리닉, 그리고 병원에서 퇴원 후 재활이나 회복이 필요한 사람들을 위한 공간이 한 곳에 모여 있다.

특별한 점은 1991년부터 양로원과 유치원을 한 건물에 두고 두 세대를 통합하여 교육하는 ILC 교육 프로그램을 실시하고 있다는 것이다. 생후 6주부터 다섯 살까지의 어린이들이 그들의 연령에 맞추어 노인들과 함께할 수 있는 음악, 미술, 춤, 견학, 스토리텔링, 그리고 점심 식사를 함께한다. 양로원과 유치원을 같은 공간에서 함께 교육하는 곳은 미국에서도 그리 흔하지 않다.

그러나 ILC처럼 세대를 연결하는 교육(intergenerational education)은 서로에게 유익을 주고 있다. 어린이들은 사람이 나이 드는 것과 늙어가는 것을 자연스럽게 배우고, 나아가 장애가 있는 사람들조차 포용하는 법을 배운다. 노인들과의 접촉으로 두려움 없이 그들에게 다가갈 수 있게 된다.

노인들도 어린이들과 함께 몸을 움직이는 놀이를 통해서 신체활동에 도움을 받는다. 교육활동에서는 노인들이 자신의 경험과 지혜를 살려 어린이를 도와주면서 자기의 가치를 새롭게 발견한다. 더군다나 가족 없이 혼자 생활하는 노인들에게는 손자, 손녀를 만나는 것과 같은 기쁨을 선물한다.

같은 의미에서 조부모가 없거나 멀리 떨어져 사는 어린이들에게는 할아버지, 할머니의 사랑을 받을 수 있는 기회를 제공해 준다. 또한 젊은 부모들에게는 어린 자녀나 연로한 부모를 맡기고 걱정 없이 적극적인 사회생활을 하게 도와주고 있다. 사회가 만들어준 대가족(extended family)인 셈이다.

ILC 교육 방식은 양로원과 유치원을 같은 건물 안에서 운영하되, 두 세대를 연결하는 교육활동은 같은 층에 있는 인터제너레이셔널 패밀리 룸(intergenerational family room)에서 만나 함께 이루어진다.

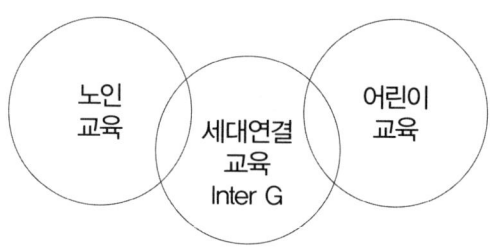

정규적인 프로그램 활동뿐 아니라 어린이와 노인세대가 한 건물 안에서 복도, 응접실, 그리고 공동 공간에서 서로 마주치고 유치원과 아파트를 방문하면서 교제가 이루어진다. 홀로 살거나 핵가족의 구성원들은 한 공동체로 살아갈 확대 가정이 필요하고 소통할 이웃이 있어야 한다.

아이들을 지켜줄 어른이 필요하고 노인을 도와줄 젊은이가 필요하다. 삶의 현장에서 인생을 경험하고 세대를 공감하는 상호작용이 이루어져야 한다. 이것은 어린이와 노인뿐 아니라 모든 세대에게 필요한 일이다.

ILC처럼 두 세대를 이어주는 교육이 이루어진다면, 사회적으로 대가족화가 되어 젊은 부모인 세대가 어린아이들을 조부모에게 맡기는 3세대 공동체를 만들 수 있게 된다.

우리도 앞으로 유치원과 양로원을 함께 운영하는 세대통합 교육이 교회와 사회에서 이루어져야 한다고 본다.

4. 100세 시대

ㅇ38ㅇ

지난 세기가 여성과 어린이의 가치를 발견한 때라면, 지금은 노인의 가치를 발견할 때이다. 아이들은 줄고 노인은 점점 많아져 행정 자치부에 따르면 국내 70세 이상 고령 인구가 10세 미만 어린이 인구를 넘어서 2016년 기준으로 460만을 넘었다고 한다.

세 자리 인생을 사는 시대가 되어 100세 인생을 노래하고 있다. 60세는 너무도 젊고, 70세는 할 일이 많으며, 80세는 자부심이 대단하여 90세를 넘어서 100세까지도 강건하게 살 수 있다고 노래한다.

우리는 '늙었다' 혹은 '나이 많다'는 말을 좋아하지 않는다.

심지어 할머니 할아버지 소리를 일찍 듣고 싶어하지 않는 사람도 많다. 미국에서도 80세를 액티브 시니어(active senior)라고 하여 혼자 활동할 수 있는 나이로 보며 그들 스스로도 도움받는 것을 원하지 않는다. 대부분은 자녀와 살지 않고 독립적으로 자신의 삶을 자기가 해결한다. 그러다가 운전할 수 없고 병이 들어 생활이 힘들어지면 양로원이나 요양원으로 가는 것을 당연하게 생각한다. 우리와 비교하면 더 독립적이고 개인적이다.

우리도 노인 인구가 많아지고 수명이 길어지면서 서양의 노년과 같은 삶으로 전환되고 있다. 더군다나 은퇴 연령까지 낮아져서 노인 아닌 노인들이 많아졌고 그들은 과거보다 훨씬 몸과 마음이 건강하고 능력도 많다. 그래서 노인의 가치를 알아보고 노인을 새롭게 바라보려는 깨달음도 많아졌다.

과거에는 성인 남자만을 중요한 가치로 여겼던 시대가 있었지만, 어린이나 여성의 가치를 찾고 지금에 이른 것처럼 이제는 노인의 가치를 새롭게 발견하고 있는 것이다.

나이가 들어도 돈이 있고 건강해서 오래 살면 그것을 축복이라 말한다. 거기에다 잘 늙은 인생이라는 칭찬까지 받으면 더욱 기쁠 것이다.

나이가 더해지면 그 숫자에 비례하여 지혜로운 인생이 되는 것일까? 교회 안에서도 신앙 연륜이 깊은 사람이 신앙 인격도 성숙하다면 참으로 좋을 일이다. 그러나 우리가 두려운 것은 나이 들면서 이상하게 변할 수 있다는 사실이다. 우리가 알던 아버지와 어머니의 모습이 아닌 낯선 이방인이 되어 있거나 때로는 어른아이가 되어 우리를 당황하게 할 때도 있다.

그러나 오늘 유치하며 답답하고 이상하다고 생각하는 노인의 모습이 내일의 나의 모습일 수 있다. 나이가 어리고 아직은 젊다고 나와 무관한 일이 아니다. 젊은이도 곧 늙을 것이기 때문이다.

노년기의 건강과 경제적인 문제는 사회적으로도, 국가적으로도 큰 주제다. 돈이 있고 건강할지라도 '그 긴 시간을 누구와 무엇을 하며 어떻게 보낼 것인가?' 하는 마음의 외로움은 우리가 상상하는 그 이상으로 힘든 일이다. 그래서 우리는 어느 누구도 자신의 노년을 보장할 수 없다.

자신의 마지막을 잘 준비하고 맞는 사람도 있겠으나 어떤 죽음은 전혀 예상치 못한 충격으로 다가올 수도 있다. 존경받는 어른으로 노년을 우아하게 보내다가 죽음을 맞고 싶지만 그렇지 못한 경우도 많다. 그리고 기억해야 할 것은 예수 안에서 안식할 때까지 우리 인생의 방황은 멈추지 않는다는 사실이다.

'늙는다'는 것과 '죽는다'는 것은 어느 누구도 피할 수 없는 일이고 모두에게 공평한 일이다. "사람이 한 번 죽는 것은 정해진 일이요, 그 뒤에는 심판이 있습니다" (히 9:27).

믿음이 있거나 없거나 죽음 후에 필연적으로 따라오는 세계가 있다. 그것은 바로 그리스도 안에서 영생을 누리며 안식하든지, 아니면 영원한 어둠과 고통 속에서 살든지 둘 중의 하나다. 인간은 이 땅의 삶으로 끝나는 인생이 결코 아니다.

100세 시대!
길어진 시간을 어떻게 살 것인가?
또 어떻게 삶을 마칠 것인가?

5. 천 년과 하루(1,000 & 1)

ଓ380

길어진 인생의 날을 계산해 보고자 할 때 우리는 하나님의 시간과 나의 시간이 다르다는 인식에서부터 출발한다. 베드로후서 3장 8절에서는 "사랑하는 여러분, 이 한 가지만은 잊지 마십시오. 주님께서는 하루가 천 년 같고 천 년이 하루 같습니다"라고 말한다.

우리에게는 1,000은 1이 아니고 1은 1,000이 될 수 없다. 그분의 시간(His time)과 나의 시간(my time)은 하늘과 땅만큼 차이가 있다. 그래서 욥은 "그렇습니다! 하나님은 위대하셔서, 우리의 지식으로는 그분을 알 수 없고, 그분의 햇수(number of his years)가 얼마인지도 감히 헤아려 알 길이 없습니다"(욥 36:26)라고 고백했다. 하루를 천 년으로 계산한다는 것은 그분은 시간의 제약을 받지 않는다는 것이며, 그 시간은 이 땅에서는 존재하지 않아 경험할 수 없는 시간이라는 것이다. 그래서 주님의 세계를 무한이라고 부르고 우리 인생들의 세계를 유한이라고 말한다. 그럼에도 우리는 유한한 이 땅에서 영원한 하나님의 시간을 경험하며 살고 있다.

이 땅에서는 길어야 100년 안팎으로 사는 유한한 우리 인생은 잠깐 보이다가 없어지는 안개로 표현된다. 천 년이 하루 같은 영원한 시간과 비교하면 눈 깜짝할 정도의 순간인 것이다. 우리 모두는 언젠가 인생의 모든 여정을 끝내고 영원한 삶에 발을 들여 놓을 때가 반드시 있다.

하나님은 그리스도 안에서 영생을 약속하셨고, 우리는 그의 약속대로 의의 거하는 바 새 하늘과 새 땅을 바라본다. 그리고 언젠가는 하나님이 직접 설계하시고 세우신 튼튼한 기초를 가진 도시를, 진동치 못할 나라에서 영원히 살 것을 생각한다(히 11:10, 12:28).

그래서 이 땅에서 인생의 날을 계산할 때 영원한 하나님의 시간을 의식하는 깨달음이 중요하다.

둘.

인생 연수와 7

1. 인생 지도(map)
2. 낀 50시기
3. 결정적 03시기
4. 황금 21시기
5. 인생 제3시기
6. 덤1 덤2 인생 시기
7. 인생 100세 시기

1. 인생 지도(map)

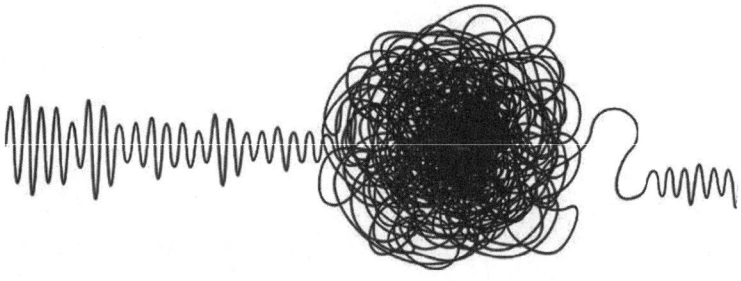

0 ——————————————————— 100
0 ·························· ? ——————— 남은 세월
0 ·································· ? ——— 노년기

영원한 시간을 시작과 끝을 알 수 없는 선으로 놓고 우리 인생의 시간을 펼쳐 본다면 그 길이는 아주 짧을 것이다. 생명의 시작점을 1로 하고, 인생의 끝을 100으로 하여 백세 인생을 계산해 본다. 각자 우리의 날 수는 언제까지 정해져 있는지 알 수 없어도 전체 시간을 백 세까지로 보아 나의 현재 나이를 계산하면 각자 1과 100 사이의 어디에 와 있는지 그 위치를 알 수 있다.

우리가 100세까지를 산다고 가정할 때 나의 남은 시간은 얼마나 될 것인가? 그리고 영생이라는 시간에 비추어 볼 때 노년의 시기는 얼마나 짧은가? 영원한 시간과 비교하여 이렇게 짧은 노후를 준비하기 위해서 얼마나 많은 시간과 노력을 투자할 것인가? 하는 생각을 해볼 수 있다.

나에게 주어진 인생 연수 중에서 이미 몇 해가 지나갔고, 앞으로 남은 해는 얼마나 될까? 성경에서 모세는 "우리의 연수가 칠십이요 강건하면 팔십이라도, 그 연수의 자랑은 수고와 슬픔뿐이요, 빠르게 지나가니, 마치 날아가는 것 같습니다" (시 90:10)라고 말했다.

그는 인생이 얼마나 빠르게 지나가는지 아침에 돋았다가 저녁에 마르는 풀과 같고, 그 인생의 날들은 잠깐 자는 것 같았다고 고백했다. 그러므로 하나님의 사람 모세는 이 세월을 지혜롭게 잘 살기 위해 다음과 같이 기도했다.

"우리에게 우리의 날을 세는 법(number our days)을 가르쳐 주셔서 지혜의 마음을 얻게 해주십시오"(시 90:12).

모세뿐 아니라 다윗도 생명의 주인이신 하나님께 "주님, 알려 주십시오. 내 인생의 끝이 언제입니까? 내가 얼마나 더 살 수 있습니까? 나의 인생이 얼마나 덧없이 지나가는 것인지를 말씀해 주십시오"(시 39:4)라고 질문했다.

성경 속에는 많은 숫자들이 나온다. 그리고 히브리어 단어들 역시 자기 숫자들을 갖고 있는데, 그 숫자들 속에는 영적인 의미가 숨어 있다.

우리의 날을 계산하는 것을 7이라는 안식일 숫자에서 7년씩을 단위로 하는 안식년을 기준하여 인생 나이를 계산해 보았다. 보통 인생 나이는 모세의 기도문에서 말한 인생 연수 70까지로 하고 거기에 강건하여 얻는 나이를 80으로 기준한다. 안식년 단위 7로 시작하여 10번째 안식년을 계산하면 70세가 되고 거기에 보편수 10을 더하면 강건한 80세가 된다. 그 80세에 보편수 10을 다시 더해 90세가 되고 100세가 된다. 여기에서 하나 둘씩 더해가는 10년의 세월은 덤으로 주어지는 세월들로 본다.

그리고 100세 인생을 사는 삶의 지혜는 성경의 안식일 정신과 안식년 원리, 그리고 희년의 회복 정신에 담겨 있는 영적인 뜻을 적용하면서 찾아보았다.

숫자 7은 히브리어로 쉐바(shevah)라 하여 '완전히 만족한'이라는 뜻이 담겨 있다. 이것은 완전수로서 하나님의 창조 숫자이며 안식 숫자이다. 하나님이 6일 동안 세상을 만드시고 7일째 쉬셨기 때문이다. 그리고 숫자 10은 어디에 더하고 뺄 수 있는 보편수에 해당한다.

인생의 날수 계산은 7년인 안식년에 보편수 10을 곱해서 70을 얻게 되는데, 10번째 안식년으로 얻은 70은 충만한 완전수가 되고 보통 한 사람의 인생 연수가 된다. 한 사람의 보통 인생을 70년을 기준으로 할 때 거기에 보편수 하나를 더하면 80, 보편수 둘을 더하면 90, 그리고 보편수 셋을 더하면 100이 된다.

우리가 100세 인생이라고 말할 때 보통 인생 70에서 10년이 세 번 더해진 (70+30=100) 숫자이다.

인생 지도를 도표화해서 그려보면,

안식년 단위 7년

1-7

인생의 날수를 7로 기준하여 계산하는 것은 창조주 하나님이 6일 동안 일하시고 7일째는 쉬셨기 때문이고, 인생의 날도 7일을 단위로 노동과 안식이 반복되고 있으며 사람뿐 아니라 땅도 7년을 단위로 쉬도록 명하셨기 때문이다. 노동과 안식, 땅과 쉼은 인생의 날수와 밀접한 관련이 있는 것들이다. 여기에서 1에서 7까지를 안식년 단위로 하여 인생 연수를 만으로 계산하면 70세 인생과 100세 인생의 시기가 정해진다.

보편적 칠십(7×10=70) 나이

(1)7 =7	(2)7 =14	(3)7 =21	(4)7 =28	(5)7 =35	(6)7 =42	(7)7 =49	(8)7 =56	(9)7 =63	(10)7 =70

인생 전체를 7년을 한 단위로 하여 1세부터 7세까지는 첫 번째 ⑴안식년, 그리고 다시 7년을 더한 14세까지는 두 번째 ⑵안식년, 그리고 21세가 되는 해는 세 번째 ⑶안식년……이렇게 해서 ⑽번째 안식년이 되면 성경에서 말한 보통 인생의 나이 70이 된다. 보통 70세를 칠순이라고 부르는데, '칠'(七)은 일곱이고 '순'(旬)은 십을 뜻한다.

강건한 팔십(7×10)+10=80 나이

7	14	21	28	35	42	49	56	63	70	80

히브리 숫자 8은 새로운 시작을 의미한다. 강건한 인생을 시작하는 나이로 보통 인생 연수에다가 10년의 세월이 더해져 얻는 나이다.

구십(7×10)+10+10=90 나이

7	14	21	28	35	42	49	56	63	70	80	90

강건한 80인생에 또다시 10년 세월이 더해진 연수이다. 인

생 보통 연수에다 보편수 둘을 더해서 얻는 나이다.

백세(7×10)+10+10+10=100 나이

7	14	21	28	35	42	49	56	63	70	80	90	100

인생 보통 연수에 보편수 셋을 더하면 100을 얻는다. 강건한 인생 연수에 더 강건함이 더해져서 덤으로 얻은 세월이 30년이나 되는 백세 인생이 된다.

....

백이십 세(120) 나이

7	14	21	28	35	42	49	56	63	70	80	90	100	110	120

우리의 날수 세는 법과 지혜의 마음 얻기를 기도한 모세는 강건한 인생 연수 80에서도 40년이 더해진 120세까지 살았다.

"모세가 죽을 때에 나이 백스무 살이었으나, 그의 눈은 빛을 잃지 않았고, 기력은 정정하였더라"(신 34:7).

만일 우리도 모세처럼 백세 인생을 강건하게 살려면 모세의 기도가 우리의 기도가 되어 우리 날을 계산하고 각자 인생의 지혜를 얻어야 한다.

희년(50)의 나이

7	14	21	28	35	42	49	56	63	70	80	90	100

(50은 49와 56 사이에 표시됨)

일곱번 째로 맞는 안식년이 (7×7=49) 중요하다. 49년 다음 해인 50년은 희년이 되기 때문이다. 인생 희년이 되면 삶의 근간을 돌아보고 다시 시작하는 은혜의 해가 된다. 희년인 50을 100세 인생의 중심점으로 놓으면 태어나서 살아온 50년 세월은 인생 전반부가 되고, 50 이후 앞으로 살아갈 100세까지는 인생 후반부가 된다.

나의 인생 지도 그리기

```
0 ─────────────── 50 ─────────────── 100
```

| 7 | 14 | 21 | 28 | 35 | 42 | 49 | 56 | 63 | 70 | 80 | 90 | 100 |

현재 내 나이 : (세)

예상하는(기대하는) 마지막 나이 : (세)

노년의 기간 : (년)

노후 대책의 시기 : (세)

● 인생 전반부 (인생 1막)

  1. 성장과 교육의 시기

     안식년1 (0───7세)

     안식년2 (7세───14세)

     안식년3 (14세───21세)

  2. 경제활동, 결혼과 가정, 자녀양육 시기

     안식년4 (21세───28세)

     안식년5 (28세───35세)

안식년6 (35세——42세)

안식년7 (42세——49세)

- 희년 (50세)

- 인생 후반부 (인생 2막)

    1. 퇴직, 자녀결혼, 노후대책 시기

        안식년8 (49세——56세)

        안식년9 (56세——63세)

        안식년10 (63세——70세)

    2. 봉사, 성도의 실현, 영생을 꿈꾸는 시기

        덤1인생 (70세——80세)

        덤2인생 (80세——90세)

        덤3인생 (90세——100세)

(만 나이로 하여 안식년이 끝나고 시작되는 시기가 겹쳐져서 계산된다.)

100세 인생에서 희년인 50은 인생이 절반으로 나누어지는 중심이 된다. 그래서 희년은 인생을 전·후반으로 나누어 생각하는 기준점이다.

인생 전반부에서는 첫 번째 안식년부터 세 번째 안식년인 21세까지는 교육과 훈련을 받는 시기로 성인 준비 단계이다. 그리고 네 번째 안식년부터 일곱 번째 안식년인 21세에서 49세까지는 취직을 해서 돈을 벌고, 결혼해서 가정을 이루며, 자녀 양육과 책임을 갖는 시기이다.

그러다가 7번째 안식년인 다음 해는 50년으로서 모든 것이 본래의 자리로 돌아가는 회복을 의미하는 희년이 된다. 이때가 되면 삶의 근간을 다시 정리해야 한다. 인생 전반부가 끝나고 다시 인생 후반부를 시작해야 하기 때문이다.

희년과 함께 다시 시작하는 인생 후반부는 크게 두 부분으로 나뉜다. 첫 부분은 여덟 번째, 아홉 번째, 그리고 열 번째 안식년에 걸친 49세에서 70세까지로서 퇴직과 자녀결혼 그리고 노후 계획 시기이고, 그 다음 부분은 10년씩 덤으로 주어지는 80, 90, 그리고 100세를 실질적인 노년의 시기로 본다.

영국의 사회학자 피터 라슬렛(Peter Laslett)도 그의 인생 지도에서 제1기는 교육과 훈련을 받는 의존 시기로 보았다. 여기서 세 번째 안식년까지 해당되는 시기다. 그리고 제2기는 독립, 의무, 책임의 시기로 취업해서 퇴직 전까지를 말하는데 네 번째에서 일곱 번째 안식년에 걸친 시기가 된다. 라슬렛은 퇴직 후 건강할 때까지는 인생 제3기로 자기 성취의 시기이며, 그러다가 건강 악화로 남을 의존해야 하는 시기가 돌아오면 죽음을 맞을 때까지를 인생 제4기로 보았다. 특별히 퇴직 후 노년의 삶을 즐길 수 있는 라슬렛의 제3인생 시기는 자기 삶을 자기가 디자인하여 사는 시기로, 그것은 사회·심리적 발달 8단계를 말한 에릭슨에게서 보면 자아 통합기에 해당한다.

그러나 안식년을 단위로 하는 인생 시기 구분은 인생 전반부가 안식일과 노동의 가치가 기준이었다면, 인생 후반부는 안식일과 쉼의 가치를 기준하여 구분한다. 그래서 인생 전반부에서는 태어나서 성장과 교육을 받는 시기를 거쳐 직업과 노동의 가치로 얻어진 것들로 결혼하여 가정을 이루고 자녀를 양육하는 일을 하게 된다.

전반부 인생의 기초를 놓는 첫 번째 안식년(0-7세)은 인생을 어떻게 시작하느냐 하는 의미로 소중하고, 그 후 교육과 성장으로 경제활동이 시작되는 세 번째 안식년(21세)은 경제 활동뿐 아니라 사회생활을 하는 청년의 시기로서 매우 중요한 시기가 된다.

그러다가 일곱 번째 안식년(49세)이 지나 희년(50세)이 되면 가던 길을 멈추어 서서 삶의 근간을 다시 정비해야 하는 시점이 돌아온다. 희년으로부터 시작되는 인생 후반부가 되면 퇴직이라는 큰 변화가 일어난다. 그래서 인생 전반부가 노동의 가치로 가정과 사회를 이끌었다면, 이제부터 인생 후반부에서는 쉼과 휴식의 가치를 발견하고 부부를 중심으로 하는 노년을 준비해야 한다.

전체 인생을 100으로 보고 특별히 중요하다고 생각되는 시기를 정하여 제목을 붙이면 가장 먼저 중심점이 되는 희년의 해를 '낀 50시기'로 정한다. 그리고 인생 전반부에서 첫 번째 안식년 세 살까지가 인생의 기초를 놓는 중요한 시기이므로 '결정적 03시기'라고 부른다. 그리고 세 번째 안식년이 끝나는 21세를 경제활동을 시작하는 '황금 21시기'로 한다.

희년으로 시작되는 인생 후반부에서는 퇴직 후 자기 삶을 자기가 디자인하는 '인생 제3시기'와 보통 인생 연수에다 10년씩 더해져 강건한 인생으로 사는 '덤 하나 덤 둘 인생 시기', 그리고 '인생 100세 시기'까지 제목을 붙여 전체를 노년의 시기로 나누고, 각 세대별 중요성과 그 시기에 마땅히 해야 할 일들을 생각해 보았다.

2. 낀 50시기

논어에서는 인생 50을 지천명(知天命)이라 하여 그때에 비로소 하늘의 뜻을 알게 된다고 말했다.

하늘의 뜻을 알 수 있는 인생 50은 7번째 안식년(49년) 다음 해로 인생 후반부인 제2막을 시작하는 시기이기도 하다. 이 때에 우리는 가던 길을 멈추고 지난 날을 돌아보고 앞으로 남은 시기를 어떻게 살아야 할지 하나님의 뜻을 물어야 한다.

희년을 시작하는 안식년 주기는 49세에서 56세까지 걸쳐진 나이이다. 그 시기부터 자녀들은 부모 곁을 떠나기 시작하고 점차 가정은 부부 중심으로 빈 둥지가 되어 간다. 이 때가 되면 자녀들도 서서히 독립된 인생 계획을 세워 자신의 날들을 계산하는 지혜를 얻어야 한다. 희년 주기에 있는 부부 또한 경제적인 면으로나 정신적으로 자식을 떠나 보내기를 연습해야 한다. 그렇지 않으면 자신들도 노년을 대비하지 못해서 후일에 자녀에게 짐이 될 수 있기 때문이다.

그러나 많은 사람들이 자녀 세대와 부모 세대 사이에 끼어서 '낀 세대'로 살고 있는 현실이다. 사회적으로나 경제적으로 여러 어려움이 있어도, 낀 세대들이 스스로 자신의 노년을 준비할 수 있도록 자녀 세대나 부모 세대가 그들에게서 독립해 주어야 세대별로 이어지는 노후 문제의 고리를 끊을 수 있게 된다.

하지만 오랫동안 이어지는 자녀 교육과 늦어지는 결혼 등의 짐을 지고 거기에다가 연로한 부모 봉양의 책임까지 떠맡게 된다면 이들은 스스로를 위해 노년을 계획할 수 없게 된다. 이러한 어려움 속에서 직장생활을 하기 위해 부모를 노치원에 맡기기도 하고, 병을 수발할 간병인을 두며 요양원을 찾는 일로 경제적인 부담과 정신적인 스트레스를 겪기도 한다. 이것은 사회와 국가 정책에도 영향을 끼치는 문제가 되고 있다.

서양과 다르게 부모를 모셔야 하는 우리나라의 낀 세대들은 자녀 교육과 부모 공양이라는 이중적 어려움을 겪을 수 있는 세대이다. 이전 우리 사회에서는 성공한 자녀가 노후대책이 되었다. 그래서 자녀들이 잘 되기를 바라는 부모들은 어떠한 희생을 치러서라도 자녀에게 모든 것을 바쳤다. 또한 대가족 문화권에서는 연로한 부모를 모시고 사는 일을 당연시 여겼고, 그 책임을 감당하기 위해 노력했다.

그러나 이제는 이러한 문화를 더 이상 유지하기 힘든 사회 구조가 되고 있다. 각 성인 세대들은 자신의 삶을 자기가 책임져야 하는 일이 많아졌고, 급속히 변하는 세상에서 노후대책은 미리 준비하고 또 스스로 해결해야 하는 주제가 되었기 때문이다. 지금은 젊었거나 늙었거나 자신의 남은 시간을 잘 살다 잘 가기 위한 고민이 우리 모두에게 주어졌다.

이 낀 세대에 해당하는 사람들은 퇴직을 앞두고 자신의 노년을 계획하는 실질적인 노후대책의 시기가 되어야 함에도 불구하고 실천하지 못하고 있다. 낀 세대들이 노후대책을 세우려면, 성장한 자녀들은 부모 곁을 떠나서 독립적인 삶을 살아야 하고, 또 부모들은 일찍 자신들이 세워놓은 노후계획에 따라 준비된 삶을 살고 있어야 한다. 낀 세대의 가정이 점차 빈 둥지가 되어야 부부 중심의 노후를 구체적으로 계획할 수 있게 된다. 서서히 노동에서 벗어나 여가와 휴식의 가치를 누릴 준비를 해야 되는 것이다.

2016년 법적 정년퇴직이 60세로 정해졌지만 55세에서 명목상 퇴직이 이루어지고 있다(조선일보 인터넷 신문 2015년 9월 27일). 이처럼 8번째 안식년인 49-56세 시기는 퇴직이라는 인생의 대전환점을 맞는 나이다. 앞으로 퇴직 후 다가올 노후를 계획해야 하는 것이다.

성경에서는 희년이 되면 모든 것을 제자리로 돌려서 원점에서 다시 시작해야 한다고 말한다. 즉 삶의 근간을 다시 정리하고 새 출발을 하도록 하는 것이다. 다시 말하면 회복이 목적이다. 삶의 근간을 다시 정리한다는 것은, 이 땅에서의 노동의 가치와 수고하고 일하면서 이루어 왔던 것들에서 멈추어 서서 자유를 선포하고 다시 삶을 정비하는 것을 말한다.

우리가 돌아갈 하나님 나라와 영생을 향한 방향으로의 내전환이다. 지금까지 죽기 살기로 일했던 사람이라도 노동을 쉬어야 할 때가 오기 때문에 다시 정비하여 노년을 준비하는 시기가 되어야 한다.

퇴직을 생각하면 우울하고 소외감이 들어 어려운 시간을 보낼 수 있다. 그러나 퇴직으로 일과 배움이 끝나는 것이 아니다. 새로운 시작을 위해 공부하고 기술을 익히는 일도 해야 할 시기이다. 무엇보다도 젊은이들에게 열린 마음으로 배워야 한다.

지금의 시대는 노인은 젊은이들과 소통하고 그들의 도움을 받아야 하는 일들이 많아졌다. 실질적인 인적 네트워크를 쌓고 건강과 재정적인 준비 그리고 전문적인 일이나 취미생활 등을 위해 준비해야 한다. 단순히 시간을 보내는 여가활동으로서가 아니라 제2의 능력으로 사회생활을 할 수 있다면 자신에게뿐 아니라 다른 이에게도 도움이 될 것이다.

노후를 생각하며 열심히 준비하는 일은 너무나 중요한데, 그 중에 죽음 후에 영원히 살아야 할 하나님 나라로 들어갈 준비도 시작해야 한다. 왜냐하면 영원히 살 영생의 시간에 비하면 남아 있는 노년의 시간은 너무도 짧기 때문이다. 성도의 노후대책은 퇴직 후 죽을 때까지가 아니라 퇴직 후 영생의 삶까지를 말한다. 돌아갈 본향이 있고 영원히 살 아버지 집이 있기 때문에 그곳에 들어가서 살 생각과 믿음의 준비가 필요하다.

    희년을 중심으로 하여 이 땅에서의 노동과 수고의 삶에서 하나님 나라의 쉼과 안식의 삶으로 생각과 태도의 방향 전환을 갖는 것이다. 가정이나 공동체에서 이 시기를 맞은 사람들이 자신의 삶과 신앙을 돌아보고 또 정리하고 정비할 기회가 생긴다면 그들은 인생 후반부를 새롭게 시작할 용기를 얻게 될 것이다.

나의 희년 (이사야 61:1-3을 중심으로)

쥬빌리(Jubilee) 선포
"여호와의 은혜의 해입니다!"

- 지난날에 대하여 감사

    -내가 선포할 말들:

    _____
    _____
    _____
    _____

    -내가 인생 전반부에서 이룬 일들:

    _____
    _____
    _____
    _____

📖 에이징 웰

- **앞날을 위한 기도**

    -내가 인생 후반부에서 이루어야 할 일들:

    _____

    _____

    _____

    _____

    -내가 지금 준비해야 할 것들:

    _____

    _____

    _____

    _____

3. 결정적 03시기

인생 전반부에서 첫 번째 안식년 7년 중 처음 3년간을 말한다. 그 3년은 '결정적 시기'이다. 결정적이라고 말하는 것은 모든 인생의 기초를 만드는 시기로서 아주 중요하다는 뜻이다. 교육학자들은 말하기를 갓 태어난 아이가 3년 동안 배우는 것이 그의 나머지 생애 전체보다 많다고 말한다.

70 인생 연수로 계산하면 3년 동안 배운 것이 67년간 배운 것보다 많다는 말이다. '그렇게 빨리' '그렇게 많이' 배우는 인생의 다른 시기는 없다. 결정적인 시기라고 부를 수 있는 이유는, 이 시기에 배운 것이 어떠하냐에 따라 나머지 인생 전체가 영향을 받기 때문이다.

이 시기에는 인간의 모든 기능이나 사고 과정을 위한 기본적인 발달단계가 이루어진다. 삐아제가 말하는 '인지 발달 이론'에서 보면 태어난 아이가 반사적인 신체활동으로 사물을 이해하고 그것을 기초하여 인지구조의 틀을 만들어 가는 시기(0-7세)가 첫 번째 안식년의 시기이다.

그는 이때에 만들어진 틀을 가지고 나중에 구체적이고 형식적인 조작을 하기 때문에 기본 틀을 만드는 시기가 중요할 수밖에 없다고 말한다.

이 이론을 토대로 골드만(Ronald Goldman)은 신앙교육도 성숙한 단계로 가기 위해서는 인지 구조 발달에 종교적 사고를 맞추어야 한다고 말했다. 이것들을 종합하여 신앙의 구조적 발달이론을 6단계로 설명한 파울러(James Fowler)는 3세까지 신앙의 힘은 처음 돌봐주는 사람과의 사랑과 신뢰의 관계로 이루어지고, 직관적이며 투사적인 신앙 제1단계는 아이와 관계된 어른들의 종교적 태도에 의해 강한 영향을 받는다고 말했다.

그러므로 이때는 교육과 신앙의 기초가 이루어지고, 그것이 평생에 영향을 주기 때문에 가장 공을 들여야 하는 인생 시기인 것이다.

첫 번째 안식년의 시기는 가정에서 부모의 영향을 가장 많이 받는 세대이다. 그래서 현대 교육의 기초를 만들어 준 16세기 교육자 코메니우스(Johan Amos Comenius)는 어린이가 태어나서 6세까지 교육은 가정에서 어머니가 해야 한다고 말했다.

그것을 '어머니 무릎학교'라고 불렀다. 어머니가 아이의 생애 첫 교사가 되어서 모태부터 시작하여 어머니 무릎에서 가르치라는 것이다. 어머니 무릎에 있다는 것은 그 품에서 젖을 먹고 신체를 접촉하면서 정서적 교감이 이루어지는 것을 말한다. 신앙교육은 부모의 마땅한 의무로서 그 시기가 빠르면 빠를수록 좋기 때문에 어머니 무릎에서부터 시작하여 보고, 듣고, 접촉하는 것이 하나님과 연결되도록 해야 하는 것이다.

이때는 모순되는 것을 스스로 대처할 능력이 없기 때문에 무신론적이고 세속적인 것에서 보호받아야 한다. 그런 면에서 어머니 품만큼 안전한 곳은 없다. 아이의 첫 교사인 어머니는 찬양과 기도, 그리고 성경 읽어 주는 일과 예배를 경험하도록 도와주어야 한다. 지금은 첨단 과학지식과 정보 홍수 시대이며 영리하고 똑똑한 아이들은 넘쳐난다. 그럼에도 불구하고 더 배우고 자극받기 위해 너무 일찍 엄마의 품에서 밖으로 내몰린 아이들은 정서적으로 매우 불안하다.

어린이의 정서적 안정은 어머니가 그 손길로 인생의 첫 3년을 돌봐줄 때 가능하다. 첫 안식년 시기의 아이들에게 최고의 교육 장소는 가정이고 최고의 교사는 어머니다. 어머니들은 세속적이고 구부러진 이 세대에서 아이들이 정서적인 안정감을 가지고 힘든 세상을 극복하며 살아갈 수 있도록 도와야 하고, 사회는 어머니들이 가정으로 돌아가 이 일을 할 수 있도록 도와줘야 한다.

이 시기의 중요성은 부모 세대뿐 아니라 조부모들의 세대까지도 깊이 깨달아야만 한다. 우리 중에 누군가는 아빠, 엄마이고 할아버지, 할머니이기 때문이다.

3살 미만의 아이들에게는 어머니가 있는 가정이 필요하다. 그 가정에서 어머니는 아이에게 자신의 무릎을 내어주어야 한다.

4. 황금 21시기

　인생 지도에서 전반부 세 번째 안식년은 21세다. 삼위일체 하나님의 형상대로 지음받은 인생은 21세가 되면 이 세상을 살아갈 성장과 교육이 완성되었다고 본다. 그래서 그 때가 인생의 가장 황금 시기가 된다. 또, 중요한 것은 사회로 진출하여 경제활동을 시작하는 시기라는 것이다. 보통 인생 연수 70을 기준하여 3번째 안식년인 21세를 성인이 되는 법적 나이로 본다. 그래서 미국에서는 이 나이가 되어야 술을 마실 수 있다.

　교육학자 코메니우스도 도덕적으로 훌륭하고 하나님을 경외하는 인격을 갖춘 성인이 되기까지 24년의 세월이 필요하다고 말했다. 이때까지 교육이 제대로 이루어지면 그 이상의 교육을 받지 않아도 지적, 도덕적, 신앙적 인격을 갖춘 성인으로 살아갈 수 있다고 본다.

크리스천 가정이나 교회 공동체에서 21세가 된 청년들에게 '이 세대를 본받지 말고 하나님이 기뻐하시는 삶'을 결단하도록 '21성년식'을 열어줄 수 있다. 성년식의 시기와 방법을 각기 다양하게 하더라도 그들이 세대를 이어 건강한 이 사회의 주인공으로 살아갈 수 있도록 축하하며 축복 기도와 인생 조언 등은 반드시 필요하다.

기회를 주고 권한을 넘겨 주듯이, 낀 세대와 80세대는 공동체 안에서 세대간의 단절이 생기지 않도록 청년들에게 관심을 쏟고 투자할 수 있어야 한다. 이것은 교회 공동체에서 먼저 실천해야 할 덕목 중 하나다.

노인은 청년에게 영향을 주고 청년은 노인에게 배울 수 있다. 이렇게 세대간의 협력과 조화가 이루어지면 공동체가 건강하게 변화된다. 교회나 가정에서 건강한 크리스천 청년들이 필요하다. 노년에 자신의 손자, 손녀에게 관심을 갖는 것처럼, 공동체 안의 청년들에게 시간과 물질을 투자하는 일은 '성인들과 노년의 세대가 힘써야 할 주요 인생 과업 중 하나다.

5. 인생 제3시기

인생 후반부에서 인생 제3시기, 이 때는 일반적으로 퇴직 후 자신의 삶을 스스로 디자인하여 자아를 실현하는 인생 시기이다. 라슬렛이 말하는 '제3인생 시기' 이기도 하다. 인생 연수를 전통적인 12간지로 계산하여 예전에는 만 60세가 되면 회갑(환갑) 잔치를 했다. 과거에는 그 때까지 살기가 쉽지 않았기에 그 생명의 수고를 축하하며 기념하였을 것이다. 하지만 지금은 60세가 되어도 노인이라고 하기에는 너무 젊고 건강하며 100세 시대로 보면 그들의 남은 날들은 길다.

그런 문화 때문에 요즘에는 잔치보다 60회 생일 기념여행으로 해외에 나가거나 보람 있는 일을 하는 것으로 대체되고 있다. 환갑은 더 이상 특별한 행사로 잔치할 일이 아닌 것이다.

퇴직을 전후하여 60대가 되면 일반적으로 자녀들이 결혼을 하게 된다. 그러면 며느리나 사위를 맞이하게 된다. 부모로서 자기 자녀와의 소통도 중요하나 다른 문화권에서 자란 새 식구들과 소통하는 일도 중요한 일이다. 어머니는 며느리에게 배우고 아버지는 사위에게 배워야 할 것들이 많아진 시대가 되었다. 그들과 소통하지 않으면 살 수 없고 그들의 도움이 없으면 할 수 없는 일들이 점점 많아지고 있기 때문이다. 그래서 열린 마음이 필요하다.

또, 이 시기가 되면 대부분 건강 문제나 경제적인 어려움으로 고통받는 사람이 많다.

미국의 어느 대학에서 65세 이상 된 1,500명을 인터뷰하여 "당신의 삶을 되돌아봤을 때 가장 후회하는 점은 무엇인가?" 하고 물었다. 그때 가장 많이 답한 내용은 "너무 걱정하며 살지 말 것을 그랬다"였다. (2004 인류 유산 프로젝트: 코넬 대 칼 필레머 교수)

걱정하며 염려하는 그 실체는 무엇인가? 선강이나 물질도 우리가 걱정한다고 바뀌지 않는다. 걱정하지 않고 사는 방법

은 하루 일만 생각하는 것이다. 왜냐하면 그날의 염려는 그날
에 족하기 때문이다(마 6:34).

이 시기는 할머니, 할아버지가 될 수 있는 나이로 어린 손
주, 손녀를 마주하는 일이 생긴다. 자녀뿐 아니라 자녀의 자녀
들인 더 젊은 세대와 소통하기 위해서는 많은 노력이 필요하
다. 배우고 배워도 부족하다. 더군다나 몸의 아픈 곳은 많아
지고 각 기능은 무뎌진다.

그러나 약하고 부족한 것도 인정하고 받아들여야 한다. 낡
은 기계가 고장나듯 몸의 기능이 나빠지는 것은 당연한 일이
다. 자녀들에게 집착하거나 건강에 지나친 관심을 갖는 것은
오히려 몸과 마음을 나쁘게 만들 뿐이다. 그러므로 이 시기에
는 모든 것에서 자유로워지고 내려놓는 연습이 필요하다.

6. 덤1 덤2 인생 시기

인생 후반부에서 70대와 80대는 성경에서 말하는 가장 보편적이고 강건한 인생 연수를 사는 세대이다. 70대 80대가 되면 3대나 4대가 이어질 수 있는 시기이다. 이것은 가장 넓은 영역으로 영향력을 끼칠 수 있는 때라는 것이다. 나이가 들어간다는 것, '에이징'(Aging)은 성숙하게 익어간다는 것으로 그것의 사전적 다른 의미는 은행의 구좌가 늘어나는 것처럼 점점 더해지는 뜻이 있다. 자녀의 자녀로 세대가 더해 늘어가는 플러스 개념인 것이다.

인생 황혼의 소외와 슬픔 그리고 상실로 인한 부정적이거나 마이너스 되는 개념이 아니라 영생이라는 새로운 삶이 더해지는 복된 시기이다. 잠깐 사는 인생 시작에서도 갓 태어난 아기는 그렇게 열심히 본능적으로 배우고 경험을 쌓기 위해 애를 쓴다.

마찬가지로 이 시기에는 영생의 삶에 대하여 알고 싶고, 더 맛보고 싶어 하며, 더 많은 것을 기대해야 한다. 이렇게 해야 하는 이유는 자녀들에게 중요한 교훈이 되기 때문이다. 그들에게 인생의 말년에 '남은 시간을 어떻게 하나님께 영광이 되게 살아야 하나?' 또 '남을 이롭게 하며 사는 인생은 어떤 것인가?'를 돌아보고, 그들에게 인생을 아름답게 잘 마무리짓는 모습을 보여줘야 한다.

그렇다면 무엇을 정리하고 무엇을 내려놓을 것인가? 또 무엇을 준비하고 무엇을 관리할 것인가? 끊임없이 스스로 질문해야 한다.

성경 디도서에서는 나이 많은 남자들은 절제 있고, 위엄 있고, 신중하고, 믿음과 사랑과 인내심이 있어 흔들리지 않는 사람이 되어야 한다고 말한다(딛 2:2). 삶을 자제하여 도를 넘지 않아야 경건에 힘쓰고 근신하여 자기를 조절할 수 있는 것이다. 지금까지 하지 못했던 것들을 마음껏 하고 자아실현을 하는 '나를 위한 노년'과는 거리가 있다. 그보다 자제, 근신, 조절, 그리고 인내의 삶을 살아야 한다.

또, 나이든 여자는 행실이 거룩해야 하고, 헐뜯지 아니하고, 과도한 술의 노예가 되지 아니하고, 좋은 것을 가르치는 사람이 되라고 권면한다(딛 2:3). 나이가 많아지면 말도 많아지고 행동도 자기 고집대로 하기 쉽다.

교회 공동체나 가정에서 선한 것을 젊은이에게 가르친다는 것은, 말과 행동에서 거룩함이 나타나야 하며, 먹고 마시는 일이 그들의 주된 관심사가 되어서는 안 된다는 것이다. 그 대신에 인생을 돌아보며 앞으로 남은 날을 준비하도록 도와줘야 한다.

칠순, 팔순 기념을 대신하여 'e-라이프'(eternal life)라는 제목으로 예배와 행사를 갖는 것도 좋은 방법이다. 액티브 시니어(active senior)들로서 독립적인 신앙을 위한 삶의 시간표를 교회와 노인센터 중심으로 만드는 것이다. 온 가족과 교회 공동체를 중심으로 살아온 날들을 기념하여 감사예배를 드리고, 그동안 하지 못하고 미뤄둔 일들을 할 수 있도록 돕는다.

주위 사람들에게 '용서한다', '사랑한다', '고맙다'고 말하는 일이 필요하다. 개인이나 가정적으로 빚을 갚거나 사회환원, 재산상속이나 유산분배, 의학서약, 유언장 등 법적인 사인이 필요한 일들을 하도록 돕는다.

누군가를 기다리고 도움을 받는 삶이 아니라 남들을 찾아가 적극적으로 도와주는 삶을 사는 것이다. 내가 대접받는 행사가 아니라 다른 사람을 복되게 하는 행사를 만드는 것이다.

이 시기는 배우자나 가까운 친구들의 죽음이 이어지는 때이기도 하다. 그들이 남긴 공허감이 말할 수 없이 크기 때문에 하늘의 소망과 기대로 꿈을 꿀 수 있도록 도와야 한다. '고통 나누기'(grief share)를 위한 위로 프로그램이나 모임이 필요하다. 그러므로 이 시기를 사는 노인들은 교회 공동체에 지체로서 안정되게 소속되어 있어야 하고, 목회자와 성도들 간에 신실한 교제가 이루어져야 한다. 약해진 몸을 위해 의사가 필요하듯 영적인 주치의가 반드시 필요하다.

소풍이 끝나면 집으로 돌아갈 준비를 하듯이 이전의 삶의 흔적을 정리하고 새 삶을 준비하는 일은 참으로 중요하다. 이런 행사를 통하여 정리와 준비가 이루어지도록 해야 한다. 왜냐하면 목적지를 분명히 하고 떠나는 여행은 여정이 불안하지 않기 때문이다. 지금의 삶이 어떤 형편에 있든지 하늘에 소망을 두고 있음을 분명히 보여줘야 한다. 그리고 노인이 아닌 존경받는 어른으로서의 삶을 살아야 한다. 신앙유산을 전달해 주는 축복권이 있음을 알고 자녀들을 축복하며 재능이나 물질을 교회 공동체나 사회에 환원시킬 수 있다.

이 시기는 신앙에 있어서 최고의 절정에 이른 때이므로, 노인의 영성개발은 자신의 삶의 질을 높이고 다음 세대에도 엄청난 영향을 줄 수 있다. 눈으로 보이는 흰 머리와 주름진 얼굴로도 주님의 아름다우심을 나타낼 수 있기 때문이다. 잘 늙은 삶의 과정으로 존중받아야 하고 신앙의 축복을 전수함으로 존경받아야 한다.

디도서 2장을 읽고 각자 해당하는 부분을 적용해 보고 실천 내용을 적어본다.

- 나이 많은 남자의 삶:

    ① 절제하기

    ② 위엄 있기

    ③ 신중하기

    ④ 믿음 갖기

    ⑤ 사랑하기

    ⑥ 인내심 갖기

📖 에이징 웰

- 나이 많은 여자의 삶:

① 거룩한 행실

② 헐뜯지 않는 말

③ 절제된 술 습관

④ 좋은 것 가르치기

7. 인생 100세 시기

　인생 후반부에서 100세 시기는 이 땅에 살고 있으나 하늘의 문이 열리고 계시를 볼 수 있는 때이다. 예수님의 제자 요한은 이 시기에 영원한 것을 소망하다가 하늘이 열리고 하나님의 영광의 보좌를 보는 신비한 경험을 했다. 그 내용이 요한계시록에 기록되어 있다.

　이 땅에서 눈으로 보지 못하고 귀로도 듣지 못하며 마음으로 생각하지 못했던 것들이었다. 그 영원한 세계를 온몸으로 체험한 것이다. 요한이 보았던 계시록 4장과 마지막 21장, 22장에 묘사된 하나님의 보좌가 있는 새 하늘과 새 땅은 처음 것들과 비교할 수 없는 세계였다.

우리도 그 세계를 확신할 수 있다. 요한이 그가 본 것들을 분명한 실제로 증거하고 있기 때문이다. "예수 안에서 여러분의 형제요 예수 안에서 환난과 그 나라와 인내에 여러분과 더불어 참여한 사람인 나 요한은, 하나님의 말씀과 예수에 대한 증언 때문에 밧모라는 섬에 갇혀 있게 되었습니다"(계 1:9).

요한처럼 장차 얻을 영생을 실제적으로 맛본 사람의 삶은 분명히 다르다. 이 땅에 소망을 두지 않으며, 주님을 고대하고, 삶의 목적지인 아버지 집에 도착하는 일을 꿈꾸며 산다. 그것이 밧모 섬에 유배되었던 90대의 요한이 고독과 외로움의 시간을 오히려 기쁨과 소망으로 보낼 수 있었던 이유다.

노년에 주님의 가장 큰 위로를 경험했던 요한처럼, 이 시기는 주님의 위로와 계시를 맛볼 때이며 마지막으로 이 땅에서 하늘을 경험하기 위해 남은 시간이다.

이 노년은 보통 인생 나이에다가 여러 번의 덤이 주어진 시기로 몸과 마음은 온전치 못해도 영혼은 다르다. 마치 어린아이가 영혼을 소유한 것과 같다. 그들이 하나님을 넋으로 읽고 예배할 수 있는 존재들인 것처럼 노인들도 온전한 영으로 새 사람을 입어 아버지 집으로 돌아가서 영생의 삶을 살 어린아이들로 보는 것이다.

이 땅의 삶을 정리하고 떠날 준비가 되어야 하고 이제 부르심을 향해 달려갈 길을 가야 한다. 그리고 자신의 삶을 이 땅에 투자하지 말고 하늘에 보물을 쌓기 위해 힘써야 한다. 만약 영원히 이 땅에서 살 것처럼 말하고 행동하며 살고 있다면 잘못된 방향으로 가는 것이다.

노인의 특성은 지난 과거를 그리워하며 옛 일을 반복해서 말하기 쉽다. 그러나 우리는 요한처럼 영적인 계시를 보고 그것을 말하고 실천하도록 자신을 훈련해야 한다. 이것이 미래를 바라보는 태도인 것이다.

"이 예언의 말씀을 읽는 사람과 듣는 사람들과 그 안에 기록되어 있는 것을 지키는 사람들은 복이 있습니다. 그 때가 가까이 왔기 때문입니다"(계 1:3).

마지막 때에 이 사실을 명심해야 한다.

대외적인 활동을 하지 못한다 해도 주님과 더 깊은 교제를 누리며 목회자나 선교사들을 중보할 수 있는 시기이다. 살아 있다는 것은 이 땅에서의 사명이 남아 있는 것이다.

그러나 나의 삶이 끝났을 때 그 떠난 자리가 아름다울 수 있도록 정리하는 일도 중요하다. 미리 소지품을 정리하고 나눠주기를 기뻐한다면 인생의 짐이 가벼워질 것이다. 정신적인 유산과 신앙의 유산들, 그리고 오랜 세월을 살아오며 귀중하게 생각했던 물건들과 소유한 물질들을 가치 있게 정리하는 일은 빠르면 빠를수록 좋다.

필요한 사람들을 찾아 나눠주고 흘려 보내는 일은 성도로서 정말 즐거운 일이 되어야 한다. 서양에서는 이러한 실천으로 죽기 전에 법적인 절차에 따라 변호사를 통하여 교회나 사회에 유산을 남기는 모습을 많이 볼 수 있다. 주님을 소망하며 떠날 준비가 철저히 끝났음을 삶으로 증명하는 것이다.

우리가 온전한 정신으로 있을 때에 이런 일을 미리 계획하고 실천할 수 있다면 참으로 지혜로운 일이 될 것이다.

셋.
안식과 인생 지혜

1. 인생과 안식일
2. 인생과 안식년
   1) 땅의 휴식
   2) 면제년
3. 인생과 희년

1. 인생과 안식일

앞부분에서 7년 안식년 단위로 인생의 날을 계산하여 주요 인생 시기를 살펴보았다면 안식일 정신에서는 지혜의 마음을 배울 수 있다. 안식일의 정신과 원리는 인생의 내용을 채워주고 인생에서 필요한 시간과 물질사용, 그리고 하나님과 이웃과의 관계를 이루는 지혜를 얻을 수 있게 한다.

먼저, 성경에 나오는 7은 완전수로 창조와 관련된 숫자라고 알고 있다. 하나님은 창조를 마친 일곱째 날을 안식일로 거룩하게 하셨다. 안식일인 '샤밧'이라는 단어에는 '멈추다' '휴식하다' '그치다'라는 뜻이 포함되어 있다. 6일 동안 열심히 일하고 7일째는 쉬는 것이다. 이것은 노동의 가치와 쉼의 가치를 동시에 알려주는 창조 질서이다. 쉼을 갖고 숨을 돌릴 줄 아는 능력은 6일 동안 노동의 가치를 알고 열심히 일한 자가 누릴 수 있는 축복이며 안식일의 복이다.

노동하고 쉬고, 쉬고 나서 다시 노동하며 삶의 균형을 이루어 나간다. 6일 동안 매일 일하면서 얻는 노동의 가치로 세상을 정복하고 다스리지만, 7일째 맞는 안식일을 통해서는 쉼의 가치로 영원한 하나님 나라를 연결한다. '쉼'으로 인간 속에 하나님의 거룩함을 회복하게 하는 것이다. 안식일은 안식의 주인이신 예수 그리스도를 통해 진정한 안식의 날을 경험하는 것으로, 우리는 일을 시작하면 노동의 가치와 쉼의 가치를 동시에 배우게 된다.

오랫동안 많은 일을 하기 위해서는 쉼이 필요하다는 것은 누구나 알고 있지만 실천하기가 쉽지 않다. 그것은 우리가 중요하게 여기는 물질과 연결되어 일한 만큼 수입이 늘어나기 때문이다.

그러나 일과 쉼의 균형 없이 일만 할 경우 쉬어야 할 때에는 쉴 수가 없다. 쉼의 가치를 배우지 못했기 때문이다. 우리의 몸은 쉬어야 하는 존재로 만들어졌는데, 언제 어떻게 쉬어야 하는지를 몸으로 배우지 못한 것이다.

그래서 어떤 사람은 후일에 재물은 얻었으나 정작 건강을 해친 경우도 생길 수 있다. 반면 노동의 가치를 모르고 일하기를 실천하지 못한 사람도 문제는 마찬가지다. 그런 사람이 있으면 가족이나 주변이 고통을 겪게 된다.

그래서 성경에서 가르치는 안식일 정신은 6일 동안은 힘써 일해야 하고, 7일째는 반드시 일로부터 쉴 것을 명하신 것이다. 이것이 물질과 건강, 이 두 가지 모두를 가치 있게 만들어 주는 원리가 되며 우리가 지속적으로 실천하고 지켜야 누릴 수 있는 축복이며 법이다.

첫 번째로, 하나님과의 관계(창 2:1-2) 속에서 살펴보면, 하나님은 일곱째 날을 안식일로 거룩하게 하셨다.

"내가 엿새 동안 하늘과 땅과 바다와 그 안에 있는 모든 것을 만들고 이렛날에는 쉬었기 때문이다. 그러므로 나 주가 안식일을 복 주고 그날을 거룩하게 하였다"(출 20:11).

창조의 주체이신 하나님은 6일 동안 일을 하셨고 7일째는 쉬셨으며 그날을 복되게 하셨는데 이것이 여호와의 안식일이다. 여호와가 쉬셨으므로 우리도 쉬어야 하는 것이다. 또한 그 날을 거룩하게 하셨으므로 우리도 그날을 거룩하게 지내야만 한다. 모든 것으로부터 쉼을 얻는다는 것은 예배를 통하여 거룩한 하나님의 시간에 접속되는 것을 말하고 있다. 그러므로 안식일의 중요한 의미는 하나님께 집중하고 그분께 예배하는 일이다.

이제 안식일은 안식의 주인이신 예수님의 부활의 날로 예배하며 삶의 중심이 되시는 주님께로 돌아가서 모든 인생들은 하나님이 누구신지를 더욱 알게 되는 것이다. 이것이 진정한 쉼이고 하나님 안에서 누리는 안식의 복이다.

두 번째로, 이웃과의 관계(출 20:8-11; 신 5:12-15)에서는 어떠한가? 하나님은 안식일을 10계명의 율법으로 정하시고 그것을 지키도록 하셨다.

"그러나 이렛날은 주 너희 하나님의 안식일이니, 너희는 어떤 일도 해서는 안 된다. 너희나 너희의 아들이나 딸이나 너희의 남종이나 여종만이 아니라, 너희 집 짐승이나, 너희의 집에 머무르는 나그네라도, 일을 해서는 안 된다"(출 20:10).

주인이 쉴 때에 나귀, 종의 자식, 그리고 나그네까지 숨을 돌릴 수 있게 된다. 다시 말하면 재충전할 기회를 주는 것이다. 이것은 이스라엘 백성들도 애굽의 종살이를 경험했고, 종에게는 휴일의 즐거움이 얼마나 큰 것인지 그들이 몸소 겪어 알고 있기 때문이었다. 또 이 일은 하나님이 종살이하던 그들을 구속하셨음을 기억하는 것이다.

그러므로 안식일은 단순히 일을 쉬는 그 이상의 영적인 진리를 포함하고 있다. 내가 안식일을 거룩하게 하여 지키는 일은 나 개인에게뿐만 아니라 공동체 전체가 함께 누리는 축복이 되게 한다.

세 번째로, 안식일 정신과 원리를 우리의 삶에 적용하여 노동과 수입의 문제를 살펴보았다(출 16:4, 16). 일하고 물질을 얻는 일은 삶과 연관된 실제적인 주제가 되기 때문이다. 이스라엘이 가나안에 들어가 농사를 짓기 전에 하나님은 광야에서 자기 백성에게 만나를 하늘에서 비같이 내리셨고 그들은 땅에서 그것을 얻었다. 하나님이 주신 그 만나는 누구나 쉽게 얻을 수 있는 일용할 양식이었다.

그러나 하나님은 그것을 취하는 방법을 말씀하셨고, 그것으로 그들이 하나님의 지시를 따르는지 따르지 않는지를 시험하셨다. 명령에 순종하여 얻어진 기적을 체험하면 비로소 자신들을 이집트 땅에서 이끌어 내신 분이 주님이시라는 것을 알게 될 것이기 때문이었다. 하늘의 만나를 경험한 사람은 애굽을 나와야 하고 (출애굽), 가나안을 목표로 가야 하며 (약속의 땅), 그리고 현재 광야라는 곳에 (사막을 통과) 있어야 했다.

광야의 인생들에게 주신 하늘의 양식은 아침에 내렸고 해가 뜨면 없어졌다. 그리고 싸라기 같은 모양이었다. 각 식구 수대로 한 오멜씩(십분의 일 에바/220리터) 각자 먹을 만큼씩만 거두어야 했고, 그날에 취한 것은 그날 소비해야 했다.

한 오멜은 '보리 한 묶음'이라는 뜻으로 한 사람의 하루 분 양식이었다. 매일 거두되 6일째는 이틀 분을 거둘 수 있었으나 안식일에는 없었다.

　매일 거두는 양이 많기도 하고 적기도 하지만 많이 거둔 자도 남음이 없고 적게 거둔 자도 부족함이 없었다. 그리고 아무든지 아침까지 그것을 남겨 두지 말라고 말씀하셨지만 어떤 사람들은 순종하지 않았고 아침까지 남겨 두었더니 벌레가 생기고 악취가 풍겼다.

　만나는 매일 아침마다 거두어야 했으며 그렇게 5일이 지나고 6일째가 되면 각자가 먹거리를 평소의 두 배인 두 오멜씩 거두었다. 그 이유는 제7일째 안식일을 준비해야 하기 때문이었다. 주님의 거룩한 안식일을 위하여 미리 준비하고 다음날 먹을 수 있도록 아침까지 남겨 두어야 했다.

　그러나 6일에 남은 것은 다음날 아침까지 간수하였지만 악취가 나지 않고 구더기도 생기지 않았다. 엿새 동안은 양식을 거둘 것이나 이렛날은 안식일이니 그날에는 거두어들일 것이 없었다. 그래도 이렛날에 그것을 거두러 나갔다가 얻지 못하고 돌아온 사람들이 있었다. 결국 그들은 6일의 두 배의 양식을 얻는 것에도 실패하고 7일 안식일을 지키는 데도 실패한 것이다.

첫째 날부터 다섯째 날까지 매일매일의 순종은 여섯째 날의 순종으로 이어지고 여섯째 날의 순종이 다시 7일째 안식일의 순종으로 이어질 수 있는 것이다. 매일의 순종은 한 주의 순종, 한 주의 순종은 한 달의 순종, 한 달의 순종은 일 년의 순종, 그리고 그것은 평생의 순종으로 연결된다. 그래서 불순종하는 이스라엘을 향하여 "너희가 언제까지 나의 명령과 나의 지시를 지키지 않으려느냐?"(출 16:28)라고 책망하신 것이다.

여기에서 주님의 지시를 따르고 주신 명령에 순종하여 얻는 유익을 구체적으로 계산해 보았다.

한 오멜을 220리터로 하여

    제1일에 220리터

    제2일에 220리터

    제3일에 220리터

    제4일에 220리터

    제5일에 220리터

제6일에 440리터

제7일에는 쉼

매일 일해서 얻는 수입을 만나를 얻는 방식으로 계산해 볼 때 첫날부터 6일간 일하고 제7일째는 일하지 않고 쉬었다. 그래서 얻은 총 수입의 합은 1,540리터가 되었다.

그러나 이 원리를 따르지 않고 일한 결과는 다음과 같다.

제1일에 220리터

제2일에 220리터

제3일에 220리터

제4일에 220리터

제5일에 220리터

제6일에 220리터

제7일에 0리터

첫날부터 7일 동안 휴일이 없이 일하고 얻은 총 수입의 합은 1,320리터가 되었다.

말씀으로 순종하여 사는 사람이 유익됨은 6일간 일했으나 7일 분의 수입을 얻었고, 그렇지 못할 때는 7일간 일하고 6일 분의 수입을 얻게 되었다. 이 방식으로 인생 전체의 수입을 계산한다면 엄청난 차이를 갖게 된다.

먹고 사는 문제는 중요한 일이다. 그러나 이 일도 하나님의 은혜가 있어야 한다. 일용할 양식과 물질은 하나님이 주셔야 받고 하나님이 허락하셔야 얻을 수 있다. 그래서 물질은 욕심을 내어도 얻지 못하는 경우가 많다. 하나님의 계산과 나의 계산이 다를 수 있기 때문이다.

필요한 모든 것은 하나님이 주신다는 것을 알고 매일 말씀에 순종하여 사는 사람은 "사람이 빵으로만 살 것이 아니라, 하나님의 입에서 나오는 모든 말씀으로 살 것이다"(마 4:4)라는 진리를 믿는다. 이 진리를 믿고 고백하는 사람만이 노동과 쉼이 있는 안식의 축복을 누릴 수 있게 된다.

여기에서 우리는 살아가면서 노동이나 일은 반드시 필요한 것이지만 7일 중 하루는 반드시 쉬어야 하는 존재라는 사실을 깨달아야 한다. 안식일의 원리는 노동의 가치와 쉼의 가치를 동시에 말해 주며, 하나님의 말씀대로 사는 인생이 결국은 더 유익하다는 것을 보여 주고 있다. 안식일을 염두에 두고 한 주간을 사는 사람은 6일째에 이틀의 양식을 주시는 하나님의 약속을 믿을 수가 있게 된다.

우리에게 주신 하나님의 명령과 규칙은 우리의 삶 전체를 유익하게 하시려는 하나님의 축복이다. 그러므로 믿음의 사람은 이것으로 삶의 중심에 하나님을 주인으로 두고 그분의 지시를 따르는지, 따르지 않는지 자신을 시험해 볼 수 있다.

따라서 안식일 정신과 그 원리로 산다는 것은 하나님을 신뢰하고 이웃과 더불어 이 땅에서 잘 사는 인생의 첫걸음이 된다. 그것은 하나님이 태초에 일하시고 쉬신 지혜대로 우리가 일하고 쉬는 지혜이고, 하나님이 율법으로 정하신 계명에 순종할 때 유익을 얻기 때문에 인생들이 이 땅에서 누리는 축복이 되는 것이다. 이렇듯 안식일 정신은 우리에게 귀한 진리를 암시해 준다.

하나님이 하늘에서 내려 주시는 만나는 해가 뜨면 녹아 없어졌기 때문에 해뜨기 전에 부지런히 서둘러 아침 일찍 거두어야 했다(출 16:21). 하늘에서 주신 만나는 누구에게나 주셨지만 항상 있는 것은 아니었고, 오직 해뜨기 전에 들에 나가서 그것을 거두어들인 자만이 먹을 수 있는 양식이었다.

만나는 매일 각기 인원수대로 한 오멜씩 정해진 양으로 주셨지만 특별한 날, 안식일 전에는 이틀 분을 주셨는데 이것은 안식일을 준비하고 순종하는 사람에게 주시는 몫이었다. 그러나 주시지 않는 날도 있었다. 왜냐하면 안식일에는 들에 나가도 없었기 때문이다. 만약 나갔다면 헛수고를 할 뿐이었다. '안식일에는 없다'는 말씀에도 불순종하고 나간 사람들이 빈 손으로 돌아와야 했다는 사실이 그것을 증명해 주고 있다.

이렇듯 하나님은 우리에게 일용할 양식을 주시는 분으로 안 주시는 날이 있고 더 주시는 날이 있다. 우리가 주인 된 삶의 방식대로가 아닌 하나님이 정하신 법칙대로 살아가는 것이 지혜로운 삶이다.

주신 날! (첫째 날부터 5일째)
더 주신 날! (6일째)
그리고 안 주신 날! (7일째)

월요일부터 주일까지 모든 날들이 주님의 것이다. 일하는 날도 중요하고 쉬는 날도 소중하다. 그중에서 하나님께 예배하는 날은 더욱더 특별하게 중요하다.

예배는 우리의 생명과 삶의 근간이 되시는 하나님을 창조주로 여기고 자신을 피조물로 인정하는 신앙고백이 되며 이 신앙고백이 이루어질 때 삶의 모든 균형이 맞춰지게 되기 때문이다.

우리 인생들의 수고하고 무거운 죄의 짐을 주님이 십자가에서 해결하셨기 때문에 우리는 말씀 안에서 안식을 누리며 산다. 인생의 진정한 휴식은 주님 안에서 하나님과 화목하는 일로 이루어지며, 그렇게 몸과 마음이 쉬는 안식은 장차 하나님 나라에서 누릴 영원한 안식으로 이어진다.

2. 인생과 안식년

1) 땅의 휴식(레 25:2-7)

안식일에 쉬는 것은 사람과 짐승만이 아니다. 땅도 쉬어야 한다!

이스라엘 백성은 광야에서 하늘로부터 내리는 만나로 양식을 삼았지만, 가나안 땅에서는 농사를 지어서 양식을 얻었다. 그래서 그들은 하나님이 주신 약속의 땅에 들어가 살 때에 땅에 관한 새로운 법을 배우고 지켜야 했다.

사람이 6일 동안 일하고 7일째 쉬어야 하듯이 땅도 7년을 주기로 쉬게 했다. '슈미타'로 불리는 이 안식년의 단어는 쉼

(rest)과 판단(judgment)의 의미를 담고 있는데, '멈추어 서서 흔들어 제자리로 돌아가게 한다'는 뜻이 내포되어 있다. 노동에서 쉬어야 하는 것은 사람만이 아니라 땅도 마찬가지였다.

이스라엘 백성에게 명령하기를 "내가 너희에게 주기로 한 그 땅으로 너희가 들어가면, 나 주가 쉴 때에, 땅도 쉬게 하여야 한다"(레 25:2)라고 말씀하셨다. 이것은 전체적으로 완전하게 쉬어야 한다는 말씀이다. 땅이 중요한 것은 태초에 하나님이 만드신 것이고 최초의 사람 아담은 땅의 흙으로 만들어졌으며, 인생은 모두 땅으로 돌아간다. 우리의 삶의 근간이 되는 농사도 역시 땅에서 이루어진다.

6년 동안 농사를 지었다면 7년째에는 그 땅으로 쉬어 안식하게 해야만 한다. 이것이 여호와께 대한 진정한 의미의 안식이 되었다. 그러므로 언약 백성인 이스라엘은 하나님이 취하도록 허락하신 땅에서 6년 동안 파종하여 가꾸다가 7년째가 되면 파종할 수 없었고 포도원도 가꾸지 않아야 했다. 그리고 저절로 난 것과 가꾸지 않은 것은 그대로 두어 나그네가 먹게 했다.

이러한 율법에 따라 순종하여 농사를 지을 때에 6년째가 되면 3년 정도의 양을 취하도록 축복해 주셨다. 7년째 안식년과 8년째에 파종해서 수확하기까지 먹을 양을 계산하신 것이다(레 25:20-22). 안식일의 원리에서와 같이 땅을 쉬게 하므로 그들은 더 많은 수확을 얻을 수 있었다.

사람뿐 아니라 땅도 쉬어서 하나님께 안식을 누려야 우리의 인생이 이 땅에서 잘 살 수 있는 원리이다. 자연도 쉬게 해 주는 안식년은, 그 땅의 주인이 하나님이심을 고백하고 사람과 땅이 안식함으로 공동체가 안식의 복을 받게 되는 것이다. 이 땅에서의 이러한 훈련은 후일 진정한 쉼을 경험하고 또 영원히 안식할 '새 하늘과 새 땅'(계 21:1)에서 살도록 자신을 준비시키는 것으로 본다.

모두가 뛰고 더 뛰어야 사는, 쉼이 없는 바쁜 세상 속에서 아무것도 하지 않고 쉬는 일은 불안하기 짝이 없다. 거기다가 재산을 불려줄 땅으로 쉬게 할 수 있을 것인가? 그러나 쉬는 것이 하나님의 명령이고 우리가 사는 길이다. 또 쉬어 가야 오래 갈 수 있게 된다.

안식일에도 양식을 주시는 날과 주시지 않는 날, 또 더 주시는 날이 있듯이 땅도 파종할 때가 있고 거두어들일 때가 있으며, 또한 파종하지 못할 때가 있고 수확하면 안 되는 때가 있었다.

파종할 때와 파종할 수 없을 때!
수확할 때와 수확할 수 없을 때!

이 안식년의 원리는 이 땅에서 하나님이 주신 물질을 사용하고 그것을 활용하는 지혜를 제공해 준다. "너희는 다만 나그네이며 나에게 와서 사는 임시 거주자일 뿐이다"(레 25:23). 하나님이 주신 가나안 땅에서 농사를 짓는 이스라엘은 그 땅에서 소출을 얻었다. 땅을 주시고 땅의 소출을 주셨어도 그 땅을 아주 팔지는 못했다. 그 땅은 하나님의 소유이고 그분의 방식으로 경영되었기 때문이다.

그러므로 이 땅에서 우리가 하나님께 받은 것은 삶의 시간이든지 아니면 생활에 필요한 물질이든지 하나님의 뜻대로 사용될 때가 가장 풍요롭고 가치 있는 것이 된다. 그래서 우리 인생의 총 결산이 이루어질 때 최대치로 계산되게 한다.

2) 면제년(신 15:1-18)

칠 년마다 돌아오는 안식년은 여호와의 면제년이 되는 해이다. 면제년이란 빚진 자에게 그 빚을 탕감해 주는 해로서, 이스라엘 공동체 안에 가난한 자가 생기지 않도록 하기 위한 법이었다. 빚진 자에게 빚을 면제해 줌으로 그 빚에서 벗어나 다시 회복할 수 있는 기회를 주는 것이다.

미국 사회에서도 빚을 갚지 못하거나(late payments) 파산 신고(bankruptcies)로 나빠진 크레딧 기록이 7년이 지나면 다시 시작할 수 있도록 회복시켜준다. 빚을 갚지 못하면 6년 동안은 신용불량으로 지내야 하지만, 7년째에 그 짐을 풀어주는 일은 면제년의 정신이 담겨 있다고 본다.

또 빚뿐 아니라 종을 놓아 자유하게 해주라고 말씀하셨다. 그가 6년 동안 주인을 섬겼으므로 7년째는 풀어 주어 주인으로부터 자유를 얻게 하신 것이다.

면제년의 정신은 죄를 용서받고 자유함을 얻은 사람은 다른 사람을 돕고 그들을 자유케 하는 일을 해야 한다는 것을 말해 준다. 이 일을 실천할 때 모두가 하나님이 주신 땅에서 공동체로서 함께 하나님을 섬기며 안연히 살 수 있는 것이다.

그러므로 누군가의 빚을 면제해 준다는 일은 결국 나의 재산을 지키는 일이 된다. 빚에 이자의 이자를 붙여 더 받기 원하고, 다른 사람을 지배하고 다스려 섬김을 받으려는 세상에서 세상 원리가 아니라 더 주고 손해보며 살고 남을 섬기라는 주님의 말씀을 기억하게 한다.

"우리가 우리에게 죄 지은 자를 사하여 준 것같이 우리 죄를 용서하여 주시고"(마 6:12)라고 기도하듯이, 면제년 정신은 우리의 죗값을 치르신 예수 그리스도의 희생을 생각하게 해 주고, 그 사랑을 입은 사람은 어떻게 다른 사람을 섬기며 살아야 할지를 결단하게 한다.

안식년 정신은 7년을 단위로 인생의 연수를 돌아보고 점검하여 삶의 방향을 하나님의 말씀으로 다시 돌이켜 살아가는 인생의 지혜가 된다.

3. 인생과 희년(레 25:8-17)

안식년이 일곱 번이면 49년이 된다. "안식년을 일곱 번 세어라. 칠 년이 일곱 번이면, 안식년이 일곱 번 지나, 사십구 년이 끝난다"(레 25:8). 이렇게 일곱 번째 안식년이 지나고 그 다음 해인 50년은 희년이며, 그것을 거룩하게 하고 그때에 자유를 공포한다. 이것이 여호와께 희년이다.

"오십 년이 시작되는 해는, 너희가 희년으로 지켜야 하는 해이다"(레 25:11).

이 희년의 의미는 자유다. 이 희년의 해가 돌아오면 모든 이스라엘의 기업은 각각 그 가족에게로 돌아가 본래의 자기 자리를 찾고 저마다 유산, 곧 분배받은 땅으로 돌아간다.

그러므로 모든 토지는 원 주인에게 돌려 주며 종들에게는 자유를 주게 된다. 또한 50년째에는 파종하지 않으며 스스로 난 것도 거두지 않았다. 그리고 가꾸지 아니한 포도를 거두어도 안 되며 저절로 난 밭의 소출을 먹었다.

희년이 돌아오면 사람과 땅, 그리고 공동체 모두에게 은혜의 해가 되었다. 속죄일의 해방과 기쁨, 자유, 회복이 이루어짐으로 육체적인 구속과 억압에서 벗어나고 영적으로 죄와 사망의 사슬로부터 해방을 얻는 것이며 새로운 질서를 회복하는 것이다.

이렇게 하는 이유는 앞에서 안식일과 안식년에서 말했듯이, 희년의 해에 모든 피조물에 대한 하나님의 주권을 공포하고 사람뿐 아니라 땅도 휴식하여 모든 것이 제자리로 돌아가게 하시는 하나님의 지혜라고 볼 수 있다.

희년은 하나님의 은혜의 해로 예수님 안에서 희년이 희년 되었다. 예수님의 십자가로 우리를 죄에서 자유하게 하셨고,

무덤에서 부활하심으로 새 삶을 허락하신 것이다. 우리가 이 땅에서 힘쓰고 애써도 할 수 없는 일들, 오히려 해결하려 하면 할수록 더욱 꼬였던 인생의 문제들을 십자가에서 답을 얻고 주님의 부활에서 소망을 얻고 새롭게 출발하는 것이다. 그러므로 우리는 인생 자체가 주님이 없이는 도저히 제대로 살 수 없다고 스스로 고백하는 것이다.

모든 것을 제자리로 돌린다는 것은 하나님으로부터 멀어져서 내 마음대로 살았던 길에서 돌이켜 다시 하나님 가까이로 회복시키는 것을 의미한다. 우리 자신을 포함해서 내가 갖고 있는 모든 물질과 소유는 주님의 것임을 고백하고 주권을 돌려드리는 것이다. 그래서 가진 자도 주님께 내려놓고 없는 자도 주 안에서 다시 기회를 얻게 되는 것이다.

희년의 삶이란 하나님의 청지기로서 주신 것으로 남을 돕고 회복시키는 일에 힘쓰며 사는 것이고, 혹시 실패한 인생이라 해도 정리하고 돌이켜 주 안에서 다시 시작하는 삶을 말한다. 그렇게 함으로 하늘의 뜻이 땅에서 이루어지고 하나님의 나라와 의가 공동체 안에 세워지는 것이다.

삶의 지혜를 얻기 위한 정리

- 안식일 정신으로 살고 있는가?

    -일하는 시간:

    -쉬는 시간:

📖 에이징 웰

- 안식년 정신으로 살고 있는가?
    -남의 빚을 면제해 준 경험:

    -면제년의 실천:

- 나의 희년 시기 정하기

넷.

성도의 노년 인생

1. 성경 속의 노년들
2. 교회 속의 노년

노년의 시기를 바라보는 일반적인 인식은 이 땅에서 삶이 끝나간다는 시간적인 개념에서 출발한다. 인생의 끝자락으로 얼마 남지 않은 세월이 전부라고 생각하면서 인생의 황혼기로 여기며 소외와 슬픔, 또한 상실의 시기로 보는 시각이다.

성경 시편에서도 인생 70, 80년 인생의 날들은 수고와 슬픔뿐이라고 했다(시 90:10).

사회 심리학자 에릭슨(Erikson)은 인간이 사회적 발달 8단계를 거치며 살아가는데, 그중 마지막 8단계인 노년기를 자아 통합의 시기라 하여 자신이 살아온 지난날들을 수용하고 죽음을 받아들이는 시기라고 말했다.

그러나 그렇게 수용하지 못할 때는 자신의 삶을 실패로 여겨 깊은 절망감을 느낀다고 했다. 인생 마지막에서 자신의 삶에 책임을 갖고 자아와 통합을 이루느냐, 아니면 삶을 비관하고 절망감으로 통합을 이루지 못하느냐, 둘 중의 하나라는 것이다.

영국의 사회철학자 피터 라슬렛(Peter Laslett)도 인생의 삶을 4기로 나눌 때, 노년기는 자신의 삶을 스스로가 디자인하여 사는 시기로, 그동안 하고 싶어도 할 수 없었던 일들을 마음껏 해보는 자아 성취의 시기라고 말했다. 경제적인 여유만 있다면 여가와 취미 등을 다양하게 추구하며 사는 제3의 인생이야말로 진정한 노년을 살 수 있는 시기라고 본 것이다. 그러다가 질병 등으로 누군가를 의존해야 하는 때를 제4시기로 하여 제3기와 제4기, 두 기간을 합치면 은퇴 이후 약 20-30년 정도로 보았다.

그러나 지금은 수명이 길어지고 은퇴 연령은 짧아져서 이 기간은 더 길어졌다. 100세 인생으로 보면 약 40-50년으로 늘어난 셈이다. 그렇게 100세 인생으로 보기 때문에 '인생 2모작'이란 표현도 나왔다. 인생 전반부인 1모작 때와는 다르게 인생 후반부에서는 제2의 인생으로 다시 시작한다는 뜻이다. 일에 매여 시간과 여유가 없어서 해보지 못했고, 또 할 수 없었던 것들을 이루고 싶은 열망이 담겨 있는 것이다.

인생의 황혼기, 자아통합의 시기, 제3인생, 그리고 인생 2모작 등으로 표현된 일반적인 인식은 돈이 있고 건강하면 자아를 실현하고 남은 인생을 자기가 원하는 대로 마음껏 살 수 있다는 생각이 포함되어 있다. 그러나 현실이 그렇지 못할 경우에 깊은 절망감을 느끼며 슬픔과 외로움으로 노년을 지내게 된다.

노년만이 아니다. 모든 세대가 내 인생이 내 뜻대로 이루어지길 원한다. 그렇게 인생이 마음대로 안 될 때 불안감과 우울증으로 시달린다. 그러나 인생을 그렇게 여유 있고 자유롭게 보낼 수 있는 사람이 얼마나 되겠는가?

또 경제적인 여유가 있고 몸이 건강하다고 행복할까? 사회복지가 잘 되어서 사회보장이 잘된 나라에 살면 인생의 모든 문제가 해결될까?

인생을 살면 살수록 '예수 안에서 안식할 때까지는 삶의 문제는 해결되지 않는다'는 진리를 깨닫는다. 이 땅에서의 삶이 전부가 아니기 때문에 영혼의 문제를 다뤄주지 못할 때 오는 공허감인 것이다.

그러나 성도는 그리스도 안에서 영생을 얻어 영원한 삶이 보장된 사람들이다. 그 보장은 길어야 100년인 짧은 이 땅의 인생도 물론 포함된 채 말이다.

성도는 이 땅의 삶을 전부로 생각하지 않기 때문에 아무도 육체대로 살지 않는다. 이 말은 성도의 삶은 이 땅에서 자아를 통합하고 자아실현을 이루며 사는 것이 아니라는 말이다. 성도가 실현해야 할 것은 이 땅에서 하나님의 나라를 이루는 것이므로 자아는 이 땅에서 내려놓고 가야 할 가장 무거운 짐으로 여긴다. 자아실현보다 더 좋고 더 높은 가치가 있기 때문에 자아가 주인 되어 사는 삶을 경계한다.

우리는 이 땅에서 크리스천의 삶을 사는 지혜를 얻고자 고민한다. 한 생명의 시작과 살아가는 과정, 그리고 인생 마지막을 어떻게 통합된 눈으로 바라보고 이해할 것인가? 또 죽음 후에 이어질 영생의 삶을 어떻게 준비하고 맞아야 하는가? 그리하여 성경의 안식일 정신을 적용하고, 안식년을 기준으로 인생의 날을 계산하면서 답을 찾아보았다. 특별히 영생의 삶을 곧 시작하는 노년기를 중요하게 다루었다.

이 땅보다 더 길고 영원한 삶을 생각할 때 노년이 소중한 것은, 그들은 하나님이 주신 이 땅의 시간을 누구보다도 많이 살았고 다양한 경험을 했으며 인생 코스웍(course work)을 마쳐가는 사람들로서, 곧 인생 학교를 졸업하면 새로운 영생의 과정을 다시 시작할 사람들이기 때문이다. 부자로 유명하게 살았거나 가난하고 평범하게 살았거나 힘겨운 세월을 보낸 것만으로도 존중받을 일이다.

지난 세월을 지혜롭게 살았든지 어리석게 살았든지 믿음의 선한 싸움을 싸워 온 투쟁자들이다. 이제 싸움을 마치고 집으로 돌아가는 일만 남았다. 아버지 집으로 돌아가기 전에 해야 할 중요한 일은 자신의 정체성을 확고히 하는 것과 신앙유산을 남겨주는 일이다. 믿음의 축복자로서 삶과 신앙에서도 최절정에 이른 지성, 지혜, 그리고 경험을 후손들에게 물려 주어야 한다.

성도의 인생은 귀중하고, 살 가치가 있으며, 아름다운 것임을 알려 줄 책임이 있다. 성도로서 노년의 정체성은 '존중받는 인생의 완성자'임과 동시에 '존경받는 신앙의 축복자'라고 할 수 있다. 이러한 노년의 예는 성경의 여러 곳에서 발견된다.

1. 성경 속의 노년들

*안나의 100세 인생(소망으로 꿈을 꾸며 산 사람)

아셀 지파 바누엘의 딸 선지자 안나는 결혼 후 7년 만에 남편과 사별하고 성전에서 84년 동안 주야로 기도하며 하나님을 섬겼다(눅 2:37). 이러한 사실에 비추어 볼 때, 그녀는 100세가 훨씬 넘은 나이임에도 불구하고 그 많은 세월을 정숙하고 신실한 여자로 지냈으며, 84년간 금식과 기도로 철저히 절제된 삶을 살았다고 생각할 수 있다.

평생 동안 메시아를 기다린 것으로 보면 끈기가 대단한 신앙인이었음에 틀림없다. 결국 그가 기도하며 금식하던 성전에서 아기 예수를 만나는 영광을 누렸고, 많은 사람들에게 그가 메시아임을 선포하였다. 100세가 넘어서까지 선지자 사역을 충실히 감당한 사명자로서의 모습은 노년기를 보내는 사람들에게 일에 관한 소망을 주고 있다.

***아브라함의 100세 인생**(믿음의 꿈을 꾸며 산 사람)

믿음의 조상으로 불리는 아브라함은 그의 나이 75세에 부르심을 입고(창 12장), 하나님의 약속을 믿음으로 받아 그 약속이 이루어질 때까지 믿음에 믿음을 더한 사람이다. 힘들고 어려운 고난과 시험 속에서도 인내의 삶을 살아 100세 때에 언약의 후손 이삭을 얻었다(창 21:3).

그는 바랄 수 없는 중에 바라고 믿어서 의롭다 함을 얻었으며, 하나님으로부터 인정받은 인생으로 살다가 175세에 생을 마감하여 오늘의 우리에게도 그 신실한 믿음의 삶을 본으로 보여 주고 있다. 아브라함에게서 믿음으로 산다는 것은 참고 또 참아 기다리고 기다리는 삶이다. 100세 인생을 살아가면서 참아야 하고 기다려야 하는 일들은 정말로 많을 것이다.

*모세의 100세 인생(인내로 꿈을 꾸며 산 사람)

하나님의 사람으로 칭함을 받은 모세의 인생은 40년을 주기로 인생 1기, 인생 2기, 인생 3기로 나누어 모두 120년의 세월을 살았다.

인생 1기 40	인생 2기 80	인생 3기 120

인생 1기는 하나님의 사람으로 교육받고 준비하는 시기이다.

모세의 인생 초기로, 애굽의 바로 왕 통치하에서 히브리 가정에서 태어나 죽을 수밖에 없던 운명이었지만, 죽지 않고 오히려 인생이 역전되어 바로의 공주의 아들로 왕자가 되었으며, 궁중의 예절과 엘리트 교육으로 훈련되어 살았던 40년의 시기이다. 고급스럽고 호화로운 삶을 순조롭게 살면서 자신을 크고 대단하다고 여기며 아쉬움 없이 살았을 인생 시기이다.

인생 2기는 훈련과 사명의 시기이다.

히브리 노예 신분이었으나 애굽 왕자로서 살았던 그가 자기 정체성을 깨닫고 백성의 고난에 동참하였다가 사람을 죽이고 궁궐을 떠나 광야로 도망하여 양을 치며 숨어 살았던 40년의 시기이다. 이전과는 다르게 가난하고 불편한 광야와 미디안을 돌며 고생스러운 삶을 살면서, 많이 내려놓고 겸손한 자세로 자신을 작게 여기며 살았을 인생 시기이다. 그 고통의 시기를 통해 비로소 하나님의 사람으로 준비되었고, 이스라엘 백성의 지도자로서 사명을 받았다.

인생 3기는 받은 사명을 충성되게 감당한 시기로 본다.
이스라엘 백성들을 이끌고 애굽을 나와 광야에서 40년을 보내며 하나님의 사람으로 주신 사명을 열심히 감당하며 최선을 다한 시기이다. 세월이 갈수록 자신은 아무것도 아니며, 오직 하나님의 명령에 따라 그의 뜻을 이루며 사는 것이 옳은 길이고 바른 삶임을 깨달았을 것이다.
모세의 인생을 통해 볼 때, 우리가 사명자로 산다는 것은 자아를 실현하기 위한 것이 아니라, 오직 하나님의 뜻을 실현하기 위해 부르심을 받았음을 알게 된다. 100세 인생으로 살아 있다는 것은 사명이 있기 때문이다.

***요한의 100세 인생**(영생의 꿈을 꾸며 산 사람)

　성경의 마지막 책인 요한계시록은 90대에 꿈을 꾼 사람, 사도 요한이 기록한 책이다.

　가장 위로와 관심이 필요한 노년에 그가 홀로 밧모 섬에 유배되어 외롭고 힘든 삶을 살다가 예수 그리스도의 영광스러운 환상을 보게 되었다. 영생을 사모하다가 드디어 하늘 문이 열리고 그 영원한 세계의 맛을 본 것이다. 그가 직접 보고 경험한 것들을 요한계시록을 통해 우리에게 생생하게 증거하고 있다.

　지금 그는 잠깐 있다가 없어지는 안개와 같고 아침에 피었다가 저녁에 지는 들꽃으로 표현된 인생을 살다가, 하루가 천 년 같고 천 년이 하루 같은 영원한 시간에서 행복을 누리면서 살고 있을 것이다. 요한은 자기가 본 하늘의 계시를 기록함으로 우리에게 영생에 대한 소망과 꿈을 꾸게 해주었다.

　요한의 삶은 노년이 되어 우리가 꿈꿔야 할 것들이 무엇인지를 말해준다. 또한 우리가 인내의 소망을 가지고 하늘에 가치를 두고 살아야 함을 강조하고 있다.

2. 교회 속의 노년

*조OO (아름다운 믿음의 권사)

　예수를 모르던 삶에서 예수를 만난 후 변화되어 크리스천의 가치관으로 80대 노년을 살고 있는 어떤 권사님의 일상을 들여다보았다. 자신에게 주어진 삶을 전투적으로 열심히 살다가, 노년에도 주신 시간들을 활용하여 적극적으로 사시는 모습이 아름다워 젊은이들에게 도전이 되고 있다.

　　1933년생
　　83세
　　뉴욕 거주
　　가장 평범한 노년층이다.

강건한 80대를 살고 있다.
컴퓨터로 성경을 쓰고 있다.
인터넷을 접속하며 사용한다.
웹 페이지를 잘 만든다.
이메일을 한다.
카톡과 문자를 한다.
스마트폰을 쓸 줄 안다.
영어를 공부한다.
또래들과 모여 남의 말을 할 시간이 없다.
아프다는 말을 하지 않는다.
수영과 사우나를 한다.
봉사를 한다.
매일 새벽기도를 다닌다.
학력은 없다.

전북 고창 출신으로 경제적인 능력이 없는 남편과 8명의 자녀를 데리고 1983년도에 미국으로 건너왔다. 남의 집 허드렛일과 아기 보는 일부터 시작하여 봉제공장 일과 세탁소 운영까지 이민생활을 열심으로 살았다.

미국에 살면서 영어는커녕 한글도 제대로 몰라 이름 석 자도 그리듯 겨우 쓰는 어려움 속에서 신앙생활을 시작했나. "하나님! 나 같은 일자무식도 교회 다닐 수 있나요?"라는 기도를 시작으로 비가 오나 눈이 오나 새벽기도회부터 철야까지 주님만 바라보고 열심히 교회에 출석하신다. 아무것도 모르지만 맨 앞자리에 앉아 예배드리며 성경, 찬송을 예배시간 내내 찾다가 하나님의 은혜와 축복으로 한글을 깨우치게 되었다. 그러던 중 큰 수술을 받고 22시간 만에 기적적으로 깨어난 후 교회로 달려가 지난날의 모든 죄를 회개하고 주님을 인격적으로 만났다.

생명의 근원 되신 예수님이 구주가 되심이 믿어지고 삶의 목적이 분명해지자, 생명 바쳐 주님께 충성하기를 결단하고 권사 직분을 받고 30여 년을 신앙인으로 살았다. 지금도 모든 예배뿐 아니라 공동체가 필요로 하는 곳이면 달려가 물질과 시간을 바쳐 봉사하고 있다.

그녀의 일상 시간표

오전 4:00-4:30 잠을 잘 잔 것에 감사 기도 후 혈당검사와 기록
4:30-5:10 새벽기도 준비
5:25-5:50 교회버스로 이동
6:00-7:00 새벽기도
7:10-7:20 집 도착 (아침약 복용/ 데이케어 갈 준비)
8:00-8:45 데이케어 버스 타기

	9:00-9:45	아침 식사 제공(간단한 소식: 오트밀 또는 요거트)
	10:00-12:00	요일별 수업(컴퓨터, 웹 페이지, 서예, 영어, 뜨개질 등)
오후	12:00-1:00	점심 식사 제공
	1:00-1:30	자유시간
	1:30-2:30	데이케어 버스 타고 집에 오기
	2:30-	집에 도착하면 CBS 라디오 듣기
	2:30-6:00	
		1) 매일 성경쓰기 컴퓨터 키보드 사용 (성경 전체 두 번째 쓰고 계심)
		2) 데이케어 영어 숙제하기 / 컴퓨터 숙제하기
		3) 일주일에 네 번 수영장(일반버스 이용 30분씩 수영)
	6:00-	저녁 식사(집) 소식으로 야채, 된장, 현미밥, 과일 조금
	7:00-8:00	샤워와 감사일기
	8:30-	취침

이렇듯 가장 친근한 이웃으로 만나는 노년들이 아름다운 믿음으로 그들의 삶을 열심히 살아간다면, 그들을 바라보는 젊은이들도 영생을 소망하고 하나님 나라를 경험하며 살 것이며, 하늘의 뜻이 이 땅에서 이루어질 것이다.

- 현재 나의 시간표

    -오전의 일들:

    _____

    _____

    _____

    -오후의 일들:

    _____

    _____

    _____

- 나의 하는 일들을 객관적으로 보고 정리해 보자.

다섯.
마치는 글

글쓴이 후기

100세 시대를 맞아 노인을 발견하고 노인문제 해결을 위해 노력하는 이때에, 성도로서 우리는 우리의 노년을 맞기 전에 우리 날을 계수하고, 또 인생의 지혜를 얻기 위해 성경 속의 안식 숫자 7을 가지고 안식일, 안식년, 그리고 희년의 정신을 살펴보고 삶에 적용해 보았다.

그리고 잘 나이 들기 위한 노력으로 노년에 대한 성경적 인식과 영생이라는 하나님의 시간 속에서 이 땅의 남은 날을 해석하면서 우리의 정체성을 찾아 보았다. 무엇보다 중요한 것은 인생과 노년을 바라보는 관점의 문제였다.

어떻게 바라보는가에 따라서 그 해석이 달라질 수 있기 때문이다. 주님이 주신 영생이라는 선물은 우리가 기대하기에 충분하고 또한 서서 열렬히 환영하며 받아들여야 할 가치가 있는 것이다. 그래서 믿음의 선진들은 모두 이렇게 소망하며 살다가 이 땅을 떠났다.

진리가 아닌 것으로 속이고 현혹하는 것들이 많은 시대를 살아가는 우리 모두는 노년기를 믿음으로 바라보고 겉사람은 낡아져도 하나님 나라에서 영생을 살 꿈을 꾸는 어린아이들로 받아들여 서로 이해하고 사랑하며 살기를 바랐다. 그것이 희년의 해를 맞는 우리에게 주어진 하나님의 은혜다. 이런 꿈과 소망이 없다면 이 땅의 삶이 전부가 되고 미련이 남게 된다.

그러나 이곳의 삶이 어떠하든지 그것은 지나가는 것이고, 하늘 아버지가 예비하신 드림 홈(dream home)을 상속받을 것을 꿈꾸며 산다. 나이든 노인은 아무 쓸모없는 존재로 느끼며 죽음을 기다리는 사람이 아니라, 영생을 꿈꾸며 씩씩하게 살아가야 할 소망의 사람임을 알아야 한다. 그래서 요엘서에서는 노인들은 꿈을 꾸라고 말한다(욜 2:28).

100세 시대에 우리 모두에게 성령의 기름이 부어져서 자녀들은 장래일을 말하고, 노인들은 꿈을 꾸며, 젊은 사람들은 비전을 봄으로 각 세대의 아픔들이 치료되었으면 한다.

이 땅에 태어나 잘 사는 것도 중요하다. 그러나 이곳을 잘 떠나는 것은 더욱더 중요하다.

영원히 부족함 없이 누릴 천국을 기대하며 믿음의 선진들처럼 꿈을 꾸라!
dream dreams!
"노인들은 꿈을 꾸며" (요 2:28).

글쓴이 후기

어머니의 날들이 신속히 지나갑니다

　지난해 12월 어느 토요일, 미국에서 한국을 방문한 나는 흰눈처럼 희어진 머리와 몇 개 안 남은 치아로 환하게 웃으시는 엄마와 마주했다.
　어느덧 93세가 되어버린 나의 어머니!
　더 심하게 성숙해지신 엄마를 보는 내 마음은 겨울 날씨만큼이나 쓸쓸했다. 다행히 허리는 굽지 않았으나 내딛는 발걸음이 무척 위태로워 보였다.
　큰언니와 형부가 엄마를 돌보고 있어서 감사하고 미안한 마음이 늘 있다. 셋째 딸이 멀리서 왔다고 좋아하시며 '노치원'을 마다하시고 내가 머무는 숙소로 오셨다.
　"엄마, 커피 좋아하지? 커피숍 가보셨어요?"
　아파트에서 내다보니 집앞 다리 건너편에 멋진 카페가 보였다. 힘들어서 싫다는 엄마를 두꺼운 외투와 목도리, 그리고 장갑으로 무장시켜서 집을 나섰다. 발밑을 내려다 보니 신발이 무척 불편해 보였다. 내 운동화와 엄마의 신을 바꿔 신고 걸었어도 조그만 다리 하나 건너는 데 시간이 꽤 걸렸다.

카페 문을 열고 들어가 따스한 햇빛 비추는 곳에 엄마를 앉히고 카운터로 갔다. 젊고 유쾌한 아가씨에게 아메리카노 한 잔을 부탁했다. "저기 93세 되신 할머니가 있는데요. 커피를 아주 따끈하게 주세요. 미지근한 것은 아주 싫어하시거든요." 아가씨가 웃으며 고개를 끄덕였다.

카페 한쪽 구석에 아메리카노 커피를 놓고 엄마와 마주 앉았다. 따사로운 햇살이 엄마의 얼굴을 비추고 있었다. 커피를 두 손으로 조심스럽게 들고 마시며 "맛있다!"고 여러 번 감탄을 하셨다. "집에서 먹어도 되는데 이런 데를 뭐하러 와!" 말은 그러셔도 여기저기 두리번거리며 좋아하셨다. 엄마의 2G 핸드폰을 꺼내 사진을 찍어 바탕화면에 넣어드렸다. 손녀가 사줬다고 자랑하시는 빨간꽃이 있는 자켓과 목도리가 예뻤기 때문이다.

맛있게 커피를 드시는 엄마를 한참 감상하며 물끄러미 쳐다보았다. 그런데 햇빛에 비쳐진 엄마의 왼쪽 눈동자가 탁해 보이는 게 아닌가! 회색에 가까운 눈동자 색깔이 오른쪽 눈과는 확연히 달랐다. 이유를 물으니 수년 전에 눈수술 후 다시 치료해야 했지만 안 하셨단다. 한쪽 눈으로 본 지 오래 되었노라고 말씀하셨다.

안타깝고 미안한 마음에 가슴이 무너졌다. 멀리 산다는 핑계 아닌 핑계로 무심했던 내 자신이 부끄러웠다. 예전에 눈 이야기를 하실 때 주의 깊게 듣지 않았었다. 아니, 이렇게 되신 줄도 몰랐다. 직접 내 눈으로 확인하니 너무나 미안했다. 90세가 넘으니 치아 치료도 쉽지 않단다. 과정이 불편하고 복잡해서 틀니도 안 쓰신다고 하셨다. 흔들리는 앞니 몇 개가 커피잔에 부딪친다. 그냥 이대로 살다가 죽겠노라고 하셨다.

이런 날이 오는구나!

신속히도 오는구나!

오히려 내 건강을 챙기라고 당부, 당부하셨다.

카페에서 집으로 돌아오는 길….

연로하신 엄마를 따라 걷는 나도 어느덧 50 후반으로 노인의 길목에 서 있다. 엄마는 새로운 경험에 감사해 하셨다.

"고맙다! 네 덕에 커피집을 다 가보고…"

숙소로 돌아와 청국장과 조기를 구워 저녁을 드렸더니 아주 맛있게 드셨다. 저녁 식사 후 내일 주일 예배 준비로 목욕을 하셨다.

앙상해진 등을 밀어드리며 엄마의 인생을 그리고 나의 노년을 생각했다. 참 많은 생각이 스쳐갔다. "네가 등을 밀어주니 아주 개운하구나!" 옷을 갈아 입으며 말씀하셨다. "오늘은 너와 시간을 잘 보냈구나, 하루가 얼마나 길게 가는지…".

언니를 따라 집으로 갈 채비를 하시면서 "어쩌냐, 너 혼자 있어서… 아, 너는 혼자 있을 때 성경 읽으면 되지? 너는 성경 읽어서 좋겠다!"

엄마는 글을 못 배우셨다. 충청도 산골에서 태어나 여자라는 이유로 학교를 못 다녔고 일찍 혼자 되어 자식 넷을 키우느라 눈코 뜰 새없이 손의 지문이 닳도록 힘든 일을 하셨다.

오늘따라 엄마가 하신 말씀이 내 마음을 너무 아프게 한다.

나는 엄마의 저 답답함을 얼마나 이해하고 있었는가!

가끔 푸념 섞인 말로 "주님, 저는 해가 밝으면 낮인 줄 알고 어두워지면 밤인 줄 아는 아무것도 모르는 사람이니 그저, 불쌍히 여겨 주세요!" 이렇게 기도하며 나를 키우셨다.

엄마의 남은 날은 얼마나 될까?

나에게 엄마를 볼 기회는 몇 번이나 남았을까?

인생의 과정을 마쳐가는 위태로운 엄마를 생각하니 가슴이 아프고 눈이 시렸다.

인생의 모든 코스웍(course work)을 끝내 가는 엄마에게 '인생박사 학위'를 주고 싶다.

머리에 멋진 면류관을 쓰시면 좋겠다.

잘 사셨습니다!

수고 많이 하셨습니다!

엄마의 모든 수고가 끝나는 날,

생명의 주인이신 주님께서 모든 눈물을 그 눈에서 닦아주시며 "잘 왔다!"고 맞아주실 것을 믿기에 소망을 갖는다.

영원한 생명을 주신 주님,

감사합니다!

엄마의 남은 날들을 복되게 하소서!

그리고 이 땅에서 노년기를 보내는 모든 아버지와 어머니들을 축복하소서!

에이징 웰(Aging Well)

1판 1쇄 인쇄 _ 2016년 5월 20일
1판 1쇄 발행 _ 2016년 5월 30일

지은이 _ 길경란
펴낸이 _ 이형규
펴낸곳 _ 쿰란출판사

주소 _ 서울특별시 종로구 이화장길 6
편집부 _ 745-1007, 745-1301~2, 747-1212, 743-1300
영업부 _ 747-1004, FAX 745-8490
본사평생전화번호 _ 0502-756-1004
홈페이지 _ http://www.qumran.co.kr
E-mail _ qrbooks@gmail.com / qrbooks@daum.net
한글인터넷주소 _ 쿰란, 쿰딘출판시
등록 _ 제1-670호(1988.2.27)
책임교열 _ 오완·신영미

ⓒ 길경란 2016   ISBN 978-89-6562-886-6   03230

책값은 뒤표지에 있습니다.
이 출판물은 저작권법에 의해 보호를 받는 저작물이므로 무단 복제할 수 없습니다.
파본(破本)은 구입처에서 교환해 드립니다.